CALLING
FROM
THE HEAVEN
PRECIOUS
INVITATION

아주 특별한 부르심

이에스더
장덕봉
공저

서 문

꺾인 날개의 비상

피조물 중에 인간만큼 특별한 부르심을 받은 존재는 없을 것입니다. 역사 속에서 부르심을 받고 쓰임 받은 다양한 인물 중에 미켈란젤로는 70년에 걸쳐 그림과 조각을 제작한 르네상스 최고의 예술가로 손꼽히고 있습니다.

그러나 6살 때 어머니를 여의면서 날개가 꺾이고 맙니다. 산골 한 채석장에서 일하는 유모의 집에서 어린 시절을 보낸 그가 소년이 되어 피렌체의 조각공원에 앉아서 할아버지 목상을 조각하고 있었습니다. 그때 산책을 하던 로렌초 데 메디치가 우연히 이 길을 지나가다가 조각을 하던 미켈란젤로에게 이렇게 말합니다.

"꼬마야, 너 조각은 잘했는데, 할아버지치고는 이가 너무 가지런하지 않아?"

이 말을 들은 미켈란젤로는 밤새도록 열심히 조각의 이를 뜯고 잇몸을 허물어뜨립니다. 다음날 다시 이 길을 걸어가던 로렌초 데 메디치가 미켈란젤로의 수정한 조각을 보며 크게 감동합니다. 그리고 그를 자기 집으로 데려가

2년 반 동안 숙식을 함께 하며 그의 재능을 마음껏 펼칠 수 있도록 당대 최고의 철학자까지 동원하여 교육했던 것입니다.

이로 인해 미켈란젤로는 르네상스 시대의 3대 거장 중 한 사람이 되었으며, 특히 시스티나 예배당의 천장화로 널리 알려진 '천지창조'라는 인류의 명작을 남겼습니다.

그리고 환갑이 된 미켈란젤로는 당시 종교개혁으로 드러난 종교 지도층의 부패와 로마에서 일어난 재난의 연속에 대한 분노의 감정을 달래기 위한 교황의 요청을 받고 서쪽 벽에 '최후의 심판'을 그리게 됩니다.

14m에 달하는 거대한 벽면에 온갖 인간의 형상을 망라한 391명의 육체의 군상이 그림 속에 드러나는 이 대작은 의미하는 바가 큽니다. 당시 교황의 의전 담당관으로서 가장 부패한 인물이었던 비아지오 다 체세나 추기경의 끈질긴 방해에도 불구하고 미켈란젤로는 부르심을 받았기에 조금도 굴하지

않고 그를 '지옥의 수문장 미느스'로 그려 넣을 정도로 타협하지 않는 신앙의 강직함을 표현합니다.

이사야 43장 1절은 이렇게 기록되어 있습니다.
"야곱아 너를 창조하신 여호와께서 지금 말씀하시느니라 이스라엘아 너를 지으신 이가 말씀하시느니라 너는 두려워하지 말라 내가 너를 구속하였고 내가 너를 지명하여 불렀나니 너는 내 것이라"

여기서 우리는 하나님과의 관계 속에서 어떤 정체성을 가졌는지를 발견하게 됩니다. 먼저 하나님은 우리를 창조하신 분입니다. 하나님의 사랑으로 빚어진 우리는 정말 존귀한 존재로 만들어졌습니다. 하나님 형상을 따라 그 모양대로 지어진 가치 있는 존재입니다. 비록 하나님의 말씀에 전적으로 헌신하지 못하여 지금 모습이 구겨져 있고 찌그러져 있다 할지라도 전지전능하신 하나님의 작품이기 때문에 여전히 가치 있는 존재로서 정체성을 가져야 합니다.

또한, 하나님은 우리를 구속하신 분입니다. 하나님은 이스라엘을 향해 "내가 너를 구속하였노라"고 단정하여 말씀하셨습니다. 그러기에 우리는 하나님께 용서받고 구원을 얻은 자입니다. 따라서 우리는 더는 죄와 허물에 사로잡힐 것이 아니라 온전히 구속받은 자로서 주변에 대한 원망과 분노 대신 기꺼이 품을 수 있는 자리까지 나아갈 수 있습니다. 이제 우리는 구속된 자답게 새로운 삶의 정체성을 갖고 살아야 합니다.

그리고 하나님은 우리를 부르신 분입니다. 하나님은 우리를 향하여 "내가 너를 지명하여 불렀다"고 말씀하십니다. 여기서 하나님께서 우리 각자 각자를 지명하여 불렀다는 사실을 알 수 있습니다. 그러므로 우리는 부르심 받은 존재로서의 정체성을 지키며 살아갈 때 가치를 인정받게 되는 것입니다.

그러면서 하나님께서는 "너는 내 것이라"고 말씀하십니다. 이것은 우리가 하나님의 소유라는 말입니다. 이것은 세상의 어떤 존재도 하나님 외에는 나에 대해서 아무것도 주장할 수 없으므로 두려워할 필요가 없다는 뜻입니다.

하나님께 지음 받고 구속받은 자로서 그분의 부르심을 받았다는 사실 자체가 복음입니다. 이 복음을 듣고 알았다면 그 은혜에 감격하여 감사와 기쁨으로 부르심의 자리로 나아가야 합니다. 이것이 바로 복음에 대한 우리의 올바른 반응이고 이렇게 되는 것은 곧 복음의 위대한 능력입니다.

우리는 '요나3일영성원'을 통해 일하시는 하나님을 발견하고 있습니다. 그리고 하나님의 부르심을 받고 부르짖는 자들이 드리는 기도의 기적을 수없이 목도했습니다. 오늘도 니느웨와 다시스를 오가던 수많은 요나들이 이곳을 찾아옵니다. 기도를 통해 인생 진로를 수정하고, 죄를 토설하면서 하나님과의 관계를 재정립합니다. 하나님은 변함없이 우리를 사랑하시고, 고난을 통해 우리를 성장시키시며, 인생 여정의 동반자가 되십니다. 그리고 오늘도 우리를 부르고 계십니다.

이 책이 나오기까지 귀한 권면을 해주신 분들이 많습니다. 무엇보다 하나님의 부르심을 받은 연구개발자로서 한 달에 몇 차례나 태평양과 대서양을 횡단할 정도로 분주한 사업가인 이엔포스 대표 최성권 선교사님께 감사를 드립니다. 몇 년 전부터 가슴에 담고 있던 감동이라며 시스티나 예배당에 그려진 천장화와 최후의 심판을 직접 보고 영감을 얻도록 모든 편의의 제공과 함께 열흘 동안 터키와 로마 여행에 직접 동참해 준 것을 생생하게 전달해 드립니다.

이제 아주 특별한 부르심을 받고서 주님이 허락하신 거룩한 사명을 감당하기 위해 힘쓰다가 날개가 꺾여 고통받는 모든 독자와 함께 비상의 날개를 힘차게 펼쳐 나가고자 합니다.

샬롬!

이에스더 · 장덕봉 목사

차 례

1부 하늘을 향한 비행
터키로 가는 항공편	14
고통스런 실패의 연속	18
인생 재기의 발판	21
이엔포스를 통한 상황의 반전	24
사업의 동업자 하나님	27
이스탄불의 아침	31
로마로 이동	34
바티칸 박물관 관람	38
변덕스런 교황	41
교황의 사과를 얻어낸 화가	44
트레 폰타네 : 세 분수 교회	48
아름다운 대화	51
오대양 육대주가 보인다	55

2부 미래를 향한 비전
공군사관학교로 가는 길	60
반전 또 반전	64
전혀 새로운 길	68
군사 유학	72
설상가상	77
버스 운전 면허증	80
헬리콥터 탑승의 소망	84

3부 만남의 축복과 감동
북해도 여행	90
인간의 계획 하나님의 역사	93
갈비 일곱 대가 없는 목회자	97
일본 선교의 첫발을 내디딘 북해도	100
은사 목사님을 모신 부흥성회	104
1994년 개관한 '홀사모 수양관'	107

보스턴으로부터 받은 위로	112
아주 특별한 만남	116
동병상련의 홀사모들	121
CTS '내가 매일 기쁘게' 방송 감동	125
발레리나의 꿈	130
만남의 축복	134
청각을 상실한 발레리나	137
삼손과 데릴라의 주연 배정	139

4부 영성원 체험 소감

정옥희 사모	144
조선영 청년	146
송지영 사모	150
남효연 집사	154
김진선 선교사	156
조정순 권사	159
조수아 사모	163
정혜승 전도사	166
석은주 사모	168
조항규 목사	171
김영일 목사	174
이경희 사모	179
이정석 전도사	189
홍지연 집사	195

5부 섬김과 헌신의 지성소

벧엘의 약속, 하나님 응답	204
하나님의 비전	209
승리의 화살, 문제의 과녁 뚫다	212
응답받는 기도	219
단식관 입실 및 세부 안내	231
공군사관학교 특별강연	234

터키로 가는 항공편
고통스런 실패의 연속
인생 재기의 발판
이엔포스를 통한 상황의 반전
사업의 동업자 하나님
이스탄불의 아침
로마로 이동
바티칸 박물관 관람
변덕스런 교황
교황의 사과를 얻어낸 화가
트레 폰타네 : 세 분수 교회
아름다운 대화
오대양 육대주가 보인다

1부
하늘을 향한 비행

장덕봉 목사

터키로 가는 항공편

"6월 4일부터 12일까지 8박 9일간 터키와 로마 여행 일정입니다. 티켓은 터키 항공 비즈니스로 준비했습니다."

내게 이렇게 말한 그는 이 정도로 한가롭게 여행이나 즐길 처지가 아니었다. 국내는 물론이고 해외 바이어들과의 미팅으로 쉴 틈이 없는 한 기업의 대표다. 게다가 적어도 매주에 한 번 꼴로 쫓기다시피 오대양 육대주를 날아다니는 그가 자기의 모든 일정을 잠시 뒤로 하고 나와 함께 터키행 비행기에 몸을 싣게 된 것이다.

2018년 6월 4일 밤 10시 35분 인천발 이스탄불행 TK-089편, 이름도 생소한 터키 항공 티켓을 만지작거리고 있는 내 손동작에서 들뜬 마음을 그대로 엿볼 수 있었다. 활주로에 대기하고 있던 항공기에 관제탑에서 이륙 사인이 내려졌나 보다. "잠시 후 이륙하겠습니다"라는 안내 방송과 함께 항공기는 전속력으로 활주로를 질주했다. 그리고 시속 260km를 넘기면서 '이제 날아오르는구나!' 하는 묘한 느낌에 지난날 초등비행훈련을 받았던 공군사관생도 시절이 눈앞을 스치는 듯했다.

지금은 세월의 흐름과 함께 많이 변했겠지만 30년 전만 해도 비행훈련의 강도는 말로 표현하기 어려울 정도였다. 긴장된 분위기 속에서 짧은 시간 내에 다량의 암기를 요구하는 억지는 당연했고, 시도 때도 없이 찰싹거리는 매질과 윽박지르는 고성에 친숙해져야 했다.

그리고 시작된 비행은 설렘을 뒤로하고 눈물부터 삼켰다. "뭘 하는 거야? 이러다가 둘 다 죽는단 말이야 이 자식아!" 하면서 번개같이 날아오는 비행교수의 해머 같은 주먹질에 헬멧의 무게까지 가중돼 목이 휘청거릴 지경이었다.

그때 내 마음은 이미 다른 하늘의 일에 집중된 상태였다. 아버지의 서원을 저버린 채 홀로서기를 결심하고 공군사관학교에 들어가기까지는 순탄했다. 그러던 내가 생도 3학년 시절에 경험한 성령의 감동하심으로 인하여 다시 목회자의 길을 택하기로 마음을 정리하였기에 영광된 역경이 시작됐다.

당시 나의 비행 스케줄은 험난했다. 6번의 비행훈련은 반드시 거쳐야 하는 과정이었다. 하지만 담당 비행교수의 개인 사정으로 초반 3회 비행은 다른 교수의 훈련생들과 더부살이를 해야 했다. 그러니 아무 말도 못하고 꾹 참으면서 3회의 비행을 잘 버티는 수밖에 없었다. 그랬으니 창공을 멋있게 한 번 날고 피날레를 장식하고자 했던 나의 계획은 처음부터 산산조각이 난 셈이다.

그런데 이스탄불행 비행은 예전에 부담을 안고 탔던 것과는 전혀 달랐다. 비행을 책임질 기장이 있고 끝까지 안내와 도움을 주는 승무원들이 있었다. 그리고 이 비행기 안에서 최고의 대우를 받는 비즈니스 석에 앉았다. 한결 마음이 편했다. 하지만 이렇게 좋은 자리를 내게만 제공하고 그 기업인은 아홉 살 딸과 함께 이코노미석에 앉았다. 아마도 어린 아이를 위해 비즈니스를 선택한다는 것은 너무나 사치스런 여행으로 여겨 그렇게 했을 게 분명했다.

이것이 내 마음에 걸렸다. 그래서 항공기가 이륙하기에 앞서 불편하게 앉아 있을 뒷좌석을 향해 걸어갔다. 그런데 이게 어찌된 일인가? 이 두 사람은 나보다 훨씬 편한 자세로 누워있는 게 아닌가. 놀란 표정을 짓는 내 얼굴을 보면서 미소를 지으며 그가 말했다. 항공기 탑승 경험이 많으면 이런 일은 흔한 일이라고 했다. 좌석 배정을 받으면서 만석이 아닌 것을 확인하고 이미 조치를 취했단다. 자기네 두 명의 좌우가 빈 좌석이 되게 하여 기내용 캐리어를 두 개 놓으면 안성맞춤식 일등석 더블 침대로 변형된다는 것이었다.

그는 내가 알던 과거의 모습이 아니었다. 실패의 연속으로 어깨가 처졌을 때는 세상의 틀에 자기를 맞추려고 아무리 발버둥 쳐도 늪속에서 허우적대던 때가 있었다. 그러나 이제는 부정하거나 부당한 일이 아니라면 점잖게 자신이 세상에 맞춰 살 수도 있음을 보여주는 당당한 모습이었다.

이륙 후 고도를 계속 높이던 항공기는 어느새 상공 1만m 정도에 이르면서 안정을 찾았고 수평비행을 시작했다. 그리고 기장의 방송 멘트는 긴장된 모습의 승객을 안심시키기에 충분했다.

"승객 여러분 안녕하십니까? 저는 터키 이스탄불 아타튀르크 국제공항까지 여러분을 모시고 가는 기장입니다. 오늘도 저희 터키항공 089편을 이용해 주셔서 대단히 감사합니다. 이 항공기는 서울·인천국제공항을 출발하여 고도 1만m, 시속 800km로 비행 중에 있습니다. 목적지인 이스탄불까지의 비행시간은 이륙으로부터 10시간 30분이 소요되어 현지시각으로 6월 5일 화요일 오전 04시 30분경에 목적지인 이스탄불 아타튀르크 국제공항에 도착할 예정입니다. 아무쪼록 즐거운 여행이 되시길 바랍니다. 감사합니다."

기장의 멘트가 끝나자마자 서비스를 제공하기 위한 승무원들의 발길이 분주해졌다. 12시간 가량의 비행 동안 쉴 새 없이 제공되는 기내식 서비스가 조금도 귀찮지 않았다.

고통스런 실패의 연속

사람은 누구나 현재의 어려움을 딛고 더 나은 미래가 열릴 거라는 기대와 꿈을 갖고 살아간다. 그러나 지금 하늘 위의 특급호텔이라고 하는 이런 비즈니스 석을 제공한 그에게도 말로 표현할 수 없을 정도로 힘들었던 시련의 때가 있었다. 하루하루가 어려울 뿐만 아니라 내일에 대한 소망조차 기대할 수 없는 두려움이었다. 그것도 하루 이틀이 아닌 몇 년의 세월 동안 그는 칠흑같이 어둡고 긴 터널을 느리게 지났다.

참된 그리스도인이라면 생활이 어려울 때 더 열심히 기도하고 예배에 충실해야 하는 것이 정상이다. 하지만 그는 빠듯한 생활에 쫓기면서 주일 예배도 빠지기가 일수였다. 주일 성수를 못하는 횟수가 점차 늘어나면서 그저 형식적으로 교회에 출석하는 이른바 명목상 교인이었다.

또 재정의 고갈은 더욱 심해졌고 더는 버틸 수 없는 한계에 다다랐다. 어렵사리 부모의 도움을 받아 신혼살림으로 장만한 아파트마저 이제 팔아야 할 정도로 경제적 상황은 내리막길이었다.

그는 집을 팔아도 손에 쥘 게 없었기에 더 나은 조건의 월세를 찾아 전전긍긍했다. 계속하던 연구는 아무런 성과 없이 실패만 거듭하면서 수입보다도 지출이 많아졌다. 적자 인생의 빨간불이 켜지는 서막이었다.

맞벌이를 하던 아내를 통해 조달되던 쌈짓돈마저 더는 기대할 수 없었고 부채가 늘어나면서 회사도 쫓겨나듯 그만 두게 되었다. 설상가상으로 얼마 지나지 않아 월세도 내지 못해 길바닥에 내몰리는 처량한 신세가 됐다.

그는 어쩔 수 없이 이삿짐센터에 부탁하여 매달 비용을 지불하기로 하고 짐을 맡겼다. 아내와 어린 아들은 시골에 계신 부모님께 부탁하여 같이 살게 됐다. 지금으로부터 20여 년 전, 부부가 진 부채가 1억5천만 원이 넘었고 순손실만 3억에 이르렀다.

그나마 다행인 것은 부동산 거래소에서 일을 하던 몇 달 만에 1500만 원의 수익금을 손에 쥐고서 기뻐하던 모습이 눈에 선하다. 하늘이 내린 은혜의 단비였다.

그는 보증금 500만원과 월세 30만원을 지불하는 조건으로 서울 송파구에서 집을 구했다. 아내와 아들도 불렀다. 이때부터 그는 돈이 되는 일이라면 무슨 일이든지 가리지 않고 했다. 막노동과 배달 등도 마지않았다. 그는 서울 가락시장에서 막노동을 하던 일을 잊지 못한다. 그때 매달 130만원의 고정 수입이 생기면서 생활의 안정을 찾는 듯했다. 이때부터 새벽일을 마치고 집으로 돌아와서 아내와 세 살 배기 아들을 데리고 매일 새벽기도를 다닐 수 있었다. 당시로서는 그것으로 만족했고 너무나 행복했다.

그런데 이 일도 몇 개월 지나지 않아 문제가 발생했다. 요즘으로 말하자면 사장의 갑질이 지나쳤다. 과도한 요구를 하는 사장과 불편한 관계를 극복하지 못하고 별다른 계획도 없이 가락시장에서 하던 일을 그만두고 말았다. 다른 일을 찾아 기웃거렸지만 뜻대로 되는 일이 없었다. 다시 수입원이 끊어지면서 월세가 밀렸다. 주인의 관대함을 기대했지만 야속하게도 또 다시 월세집에서 쫓겨나고 말았다. 하늘이 내려앉는 느낌이었다.

이번에도 선택할 수 있는 유일한 대책은 전에 했던 방법의 되풀이였다. 염치불구하고 다시 아내와 아들을 부모님께 부탁했다. 가족이 없이 혼자 사는 서울 생활은 그나마 나은 편이었다. 대리운전도 해보고 인터넷 전화 영업도 하면서 분주한 시간을 보냈다. 하지만 해가 질 때면 마음이 울적했다. 잘 곳이 마땅찮았던 그는 찜질방을 하룻밤의 안식처로 삼았다.

그러던 중 경기도 수원에 있던 선배와 9.9㎡(3평) 넓이의 조그마한 사무실에서 새로운 일을 시작하게 됐다. 현재 하고 있는 회사의 밑바탕이었다.

인생 재기의 발판

 반면 권사님이셨던 그의 어머니의 속은 새까맣게 타들어가고 있었다. 아들이 뭔가 하기는 한다는데 되는 일은 없고 처자식은 맡겨놓은 채 생활비마저 타가는 것을 보고만 있을 수 없었다. 이러다가 멀쩡한 아들을 잃겠다는 생각이 들어 서울의 요나3일영성원을 찾아왔던 것이다. 그 권사님은 경남 거창에서 올라왔다. 권사님은 기도 끝에 우리(이에스더 원장과 장덕봉 목사)를 개인적으로 긴히 만나고 싶어 했다.

 권사님은 우리에게 여태껏 마음속에 담아두었던 원망과 분노의 감정을 모두 털어놓았다. 한참 동안 넋두리를 쏟아 부은 권사님의 부탁은 간단했다. 여태껏 부모의 속을 썩인 내 아들이 부디 사업에서 손을 떼고 이제라도 주의 종의 길을 가는 것이 마지막 소원이라고 했다. 오직 그 길만 열어달라며 신신당부를 하는 것이었다.

 이제 아들의 얘기를 들어봐야만 했다. 그래서 권사님께 아들에게 이곳을 찾아오도록 권해서 상담을 통해 좋은 결과를 기대해 보자는 말로 안심시켜서 돌아가게 했다.

 영성원을 다녀온 권사님의 마음이 급해졌다. 하루라도 빨리 아들을 살려야겠다는 일념으로 가득 찼다. 그는 아들에게 너무 좋은 곳에 다녀왔다며 꼭

한 번 가서 두 분을 만나보라고 권했다. 아들은 불효하는 자신이 미웠다. 그리고 '죽은 사람 소원도 들어 준다는데 산 사람 소원이야 못 들어 주랴'는 심산으로 어머니의 요청을 받아 들였다.

그가 영성원을 찾아온 것은 2005년 10월 어느 날이었다. 예배를 드린 후 그를 만난 이에스더 원장은 지체 없이 3일 단식을 선포했고, 7일 보호식까지 더해 온전히 열흘을 기도하라는 말씀을 주셨다. 특별히 할 일이 없던 그로서는 거부하지 않고 순종하면서 열흘 동안 기도의 시간을 가졌다.

열흘의 기도를 마친 후 상담을 하던 자리에서 우리는 그의 연구 내용, 즉 사업에 대한 얘기를 듣게 됐다. 그는 전력 절감 장치의 개발에 집중하고 있다고 말했다. 그러면서 충분히 성공 가능성이 있는데 아직 좋은 결과가 잘 나오지 않는 것이 문제라고 했다. 전자공학을 전공했던 나로서는 충분한 지식은 없었지만 미래의 아이템으로 가능할 수 있겠다는 의사를 표했다.

한편 이에스더 원장은 그에게 우선 어머니의 소망을 들을 것을 권면했다. 우선 형편에 맞게 통신과정으로 할 수 있는 신학교를 추천하고 입학하라고 했다. 그 권사님은 우리에게 아들이 지금 하고 있는 연구 사업을 당장 중단할 수 있도록 도와 달라고 부탁하신 바 있다. 우리는 연구 사업은 신학 공부를 하면서도 계속할 수 있다고 격려해 주었다.

하지만 그는 당장의 생활비도 부족한 현재 상황으로는 등록금을 낼 수가 없다며 난색을 표했다. 우리가 그건 아무 염려하지 말고 3학년으로 편입학하여 열심히 공부만 하면 된다고 하자 감동이 되었던지 감사하다며 순종하기로 했다.

 우리는 그 권사님과 사전에 약속을 한 게 있었다. 그가 한 학기를 마치고 등록금을 낼 때마다 목적 헌금으로 드리게 했고 그것을 영성원에서는 장학금으로 지불하기로 했던 것이다. 이것은 그가 졸업하던 날까지 비밀로 지켜졌다. 졸업식 날 우리가 "오늘은 반드시 어머니께 감사의 인사를 드리라"고 하자 그제야 고개를 끄덕이며 어머니의 기도와 눈물이 있었음을 눈치챘다.

 그는 이것이 계기가 되어 요나3일영성원을 기도의 처소로 삼았고, 이 원장님을 영적 멘토로 삼았다. 그리고 나의 지도를 받으며 새행로교회의 한 멤버로서 새롭게 신앙생활을 하게 되었다.

이엔포스를 통한 상황의 반전

전력 절감 장치 개발이 매력적인 사업임에는 분명했다. 그런데 문제는 원하는 만큼 성과가 나타나지 않는다는 데 있었다. 나는 그에게 할 수 없다는 생각은 아예 하지 말고 내게 능력 주시는 자 안에서 모든 것을 할 수 있다는 믿음을 가지라고 했다. 그도 믿음을 가지고 계속 기도하면서 조금씩 개발에 활기를 찾아갔다.

마침내 2006년 수원에서 '이엔포스'라는 이름으로 전력 절감 장치 회사가 출범했다. 그리고 이듬해 서울 사당동에 지하 공장을 얻어 본격적인 회사로 발돋움했다. 그는 우리에게 기도를 요청했다. 전력 절감 장치는 국내에서 유사 제품이 나와 있었지만 절감 효과에 대한 신뢰를 얻지 못한 관계로 많은 사람들이 아예 거들떠보지도 않는 실정이었다.

그래서 그는 국내보다는 해외로 눈길을 돌렸다. 매 순간 기도를 잊지 않았다. 그리고 완성된 제품이 세계 시장에 얼굴을 내밀었다. 이 제품을 수출하고자 했던 그의 예상은 적중했다. 중국과 멕시코 등지에서 주문이 들어오면서 판로가 열리게 된 것이다.

이엔포스는 2008년도에는 1억 원의 융자를 받아 용산으로 공장을 옮겼고 6개월 만에 대출자금을 모두 갚았다. 하나님의 크신 은혜였다. 수출 길은 계속 확장되어 스페인을 발판으로 유럽에 도달하게 되었고 이 소문이 국내 시장에도 퍼져 드디어 국내 판로까지 열렸다.

몇 년 동안 이산가족으로 살았던 그의 아내와 아들이 서울로 다시 올라오게 된 것은 2008년 5월이었다. 사업의 영역이 확장되면서 당장이라도 거부가 될 것 같은 꿈으로 부풀어 있었던 것이 사실이다. 너무 분주한 게 화근이었을까. 계속 기도하면서 사람을 의지하지 말라는 나의 조언은 물론이고 '바쁠수록 천천히 걸어가라'는 격언마저 소홀히 여긴 듯했다.

그는 분주함 속에 숨어있던 마귀의 장난질을 알지 못했다. 너무나도 믿었던 동업자의 욕심을 알아차리지 못한 채 환난의 늪에 빠질 줄 어찌 알았겠는가.

신앙이 좋다는 표면적인 평가만으로 너무 사람을 의존한 나머지 그토록 믿었던 스페인 딜러가 사고를 친 사실을 알게 된 것은 많은 시간이 지난 후였다. 회사 설립 초창기 멤버들을 포섭하여 복제품을 만들고 유럽으로 제품을 공급하고 있었는데도 까마득히 모르고 있었던 것이다.

그런데 수출된 불량 제품의 반환 및 변상 요청 통보를 받고서 사태의 심각성을 감지하게 되었다. 동고동락했던 창설 멤버들이 어떻게 이럴 수가 있단 말인가? 그는 사람들에 대한 배신감으로 심한 좌절감에 시달렸다. 어쩔 수 없이 법의 도움을 청했다. 회사를 살릴 시간도 부족한데 법정 사투마저 벌이는 이중고였다.

경영의 피해가 커지면서 사업 규모만큼이나 고통도 심했다. 사람이 싫어졌고 당장에라도 포기하고 싶은 생각이 하루에도 수십 번 요동쳤다. 그러나 그때마다 "강하고 담대하라 내가 너와 함께 하리라"는 말씀을 의지 삼았다. 매일 기도할 때마다 그에게 새 힘을 주실 것을 간구하는 것이 그와 우리의 임무였다. 기도하는 자는 결코 죽지 않는다. 그래서 우리 주님께서는 무시로 기도하라고 말씀하신 것이다.

수차례 위기의 고비를 넘기면서 끊임없이 기도하는 가운데 그는 오뚝이처럼 다시 일어설 수 있었다. 길고도 긴 시간의 터널을 지나오면서 비로소 깨닫게 된 것은 큰 고난을 통해 앞으로 닥칠 다른 고난을 작게 만드시는 탁월하신 하나님의 역사하심, 바로 그것이었다.

인생이 가는 곳마다 승리의 개가를 부를 수 있으면 얼마나 좋으랴. 그러나 하나님은 실패를 통하여 연약한 마음을 더 단단하게 하시고, 사람을 의지하기보다는 하나님을 의지하게 하시는 분이셨다. 그는 사업의 이런 이치를 깨닫게 된 것에 감사했다.

사업의 동업자 하나님

하나님께서는 그를 자기의 자녀로 삼으시고 기도로 교제하기를 원하셨다. 그리고 연약한 그를 개발의 도구로 삼으셔서 새로운 경험을 하게 하시고 그 많은 경험을 통하여 사업의 영역을 확장해 가도록 인도하셨다. 이제 그는 숱한 환난의 경험을 바탕으로 한국을 넘어서 전 세계를 향해 나아가고 있다. 우리 인간의 부족함을 아시고 세상의 비전으로는 감히 할 수 없기에 하늘의 비전을 보여 주시며 이끌어 가시는 하나님을 그는 항상 찬양하며 감사의 기도를 드린다.

연간 7900억 원의 전기료를 지불하는 포스코에서 3년의 테스트를 거쳐 8% 전기 절감 효과가 난다는 최종 결과와 함께 제품 구매 승인 통보를 받았을 때 그는 하늘을 향해 "Sola Gratia!" 하면서 여호와 닛시를 외쳤다.

이 소식은 광고한 적이 없었는데도 금세 퍼져나갔다. 세계적 기업 토요다 자동차 회사에서 그의 회사를 찾아와 협력을 요청했다. 외형적으로는 보잘것 없는 규모의 회사였지만 결코 얕보지 않았다.

그리고 일본 동부지역을 덮쳤던 대형 쓰나미로 인한 후쿠시마 원전의 타격으로 전기 절감이 절실한 것도 토요타가 움직인 배경이었다. 일본은 한 여름에도 에어컨을 작동하지 못하고 부채질로 대신할 만큼 전력 수급이 불안정해 일본 기업인의 방문과 초청 의뢰가 잦았다.

혁신적 절감 제품이 나오기 전까지만 해도 그는 국내선 비행기조차 탈 일이 없었다. 그랬던 그에게 하나님께서는 한 달에도 몇 차례씩 미국 멕시코 브라질 중국 일본 태국 베트남 등 손으로 셀 수 없을 정도로 해외 출장을 다닌다.

우리는 만군의 여호와 하나님을 섬기는 사람들이다. 그 하나님은 우리의 기도에 100% 응답하신다. 다만 조건이 있다면 내가 응답의 시간을 정하지 말아야 한다. 하나님께서 응답하실 때까지 그분의 뜻에 따라 내가 기도하기만 하면 반드시 응답이 이루어질 것이다.

오늘도 우리는 자신을 통해 일하시며 영광 받으시는 하나님의 지난 역사를 결코 잊어서는 안 된다. 찜질방을 전전하고 있던 그를 하나님께서는 기도의 제물로 삼으셨다. 그리고 자그마한 사무실에서 개발을 시작하여 꿈을 펼칠 수 있는 공장으로 이전시키셨다. 그런 다음 하나님께서는 전 세계를 향하여 판매할 수 있는 전기 절감 장치를 개발하게 하셨다. 그는 단지 제품만 판매하는 사람이 아니다. 자신을 성장시켜 가시는 위대하신 하나님과 함께 동업하는 선교의 일군이다. 그래서 자신의 삶과 기업을 통해 하나님께 최고의 영광을 돌리고 싶어 한다.

한번은 내가 모시고 있던 신학대학교의 총장님과 함께 공군사관학교 수요

채플에 간 적이 있었다. 신학대학교 총장으로서는 흔치 않은 초청이었기에 흐뭇한 일이었고 나로서는 모교의 후배들을 만날 수 있어 즐거운 일이었다. 하버드대학교에서 철학박사 학위를 받은 엘리트다운 위트와 은혜스런 메시지로 긴장된 생도의 영혼을 일깨웠다.

이날 돌아오던 길에 내가 총장께 이런 제안을 했다.
"총장님, 제가 겸임교수로서 이런 때에 1억 원을 기여할 수 있으면 얼마나 좋겠습니까? 그런데 지금 당장은 어렵지만 10년에 걸쳐 1억 원 이상의 기여 효과를 낼 수 있는 방법이 있습니다."
"그게 무슨 말입니까?"
"저희 교회에 전기 절감 장치 개발자가 있는데요. 우리 신학대학교에 이것을 설치하면 그만한 효과를 낼 수 있을 것으로 봅니다."

그랬더니 "어떤 방식으로 절감하는데 그게 가능하냐"며 알고 싶어 했다.
"네, 제가 알기로는 저항을 감소시키는 방식이랍니다."
"그럼 조만간에 목사님과 함께 제 방으로 오시지요."

가볍게 시작된 차 안의 대화는 신학대학교의 전기 담당자와 사무처장이 함께 모이는 전기절감 회의로 이어졌다. 매달 3천만 원 정도의 전기료를 내야 하는 형편으로 8%의 절감이 이루어진다면 결코 적은 돈이 아니었다.

그런데 막상 설치를 하기에는 예산이 걸림돌이 되었다. 분명 이 정도의 장

비라면 수천만 원의 예산 편성이 이루어져야 집행을 할 수 있는 일인데 준비조차 되지 않았기에 학교 측에서도 망설이는 눈치였다. 그러자 개발자가 제안을 했다. "뭘 걱정하십니까? 앞으로 일정 기간 동안 절감되는 금액에서 반은 학교에서 유익하게 사용하시고 반만 저희 회사로 돌려주시면 되는데요."

　예산 담당자도 전기 실장도 여기까지는 미처 생각지 못한 일이기에 그저 놀란 표정만 지었다. 하지만 나는 이때부터 그가 하는 사업이 곧 선교의 통로가 될 것을 예상하고 있었다. '저가 하고 있는 일은 모든 사람에게 유익을 주는 일이다. 저를 통해 미전도 지역에서는 복음이 전해지는 계기가 될 수도 있겠다'는 생각으로 내 마음은 부풀어 오르고 있었다.

이스탄불의 아침

  11시간 정도의 비행을 한 항공기는 또 다시 분주해지면서 기내 방송을 시작했다.
"우리 항공기는 잠시 후 아타튀르크 국제공항에 착륙할 예정입니다."

  우리가 공항에 도착한 시간은 새벽 4시가 조금 넘은 시간이었다. 이역만리 낯선 이스탄불이었지만 마중 나온 분이 이미 기다리고 있다는 사실에 놀랐고 특별한 기분이 들었다. 그가 미리 비즈니스 파트너와 연락을 취하여 이루어진 일이라 해도 새벽 시간에 공항으로 나온다는 것은 말처럼 쉬운 일이 아니리라.

  공항을 빠져 나오자 우리를 환영이라도 하듯 하늘에서 굵은 빗줄기가 떨어지기 시작했다. 이스탄불에서는 좀처럼 흔치 않은 일인데 잠시 후면 개일 것이라고 우리 일행을 안심시켰다. 너무 이른 시간이기에 예약된 호텔로 들어갈 수가 없었다. 그래서 우리는 터키에서 처음 만난 한국인의 안내로 새벽 공기를 마시며 야경을 즐기기 위해 한 카페에 들렀다. 이슬람 천지에서 만난 그가 기독교인이라는 사실에 우리는 감사했고, 금세 성령 안에서 하나가 되었다.

  비가 내리는데다 라마단 기간 중인 이스탄불의 분위기는 동방의 아침과 너무나 달랐다. 뭔가 알 수 없는 영적 분위기가 감지됐다. 성령께서 쉬지 말고 기도하라는 감동을 주셔서 계속 기도했다. 저 멀리 보이는 좌측의 유럽 이스탄불과 우측의 아시아 이스탄불에 대한 설명을 들으면서 사도 바울의 선교여행이 생각났다. 소아시아로 가고자 했던 바울이 마케도냐 쪽에서 한 사람이 도와달라는 손짓을 보고 유럽으로 향하게 된 경계지점일지도 모른다는 느낌이 들었다.

그 한국인은 외국어대학교에서 터키학과를 졸업하고 이스탄불에서 직물공장을 경영한다는 김 집사님으로 이스탄불한인교회를 섬기고 있었다. 그런데 담임 목사님께서 터키 경찰과 입국 관련 소송 중에 있는 관계로 많은 기도가 필요하다고 했다. 우리는 중보기도의 용사가 되어 삼겹줄처럼 더 단단해졌다.

다음날 김 집사님의 안내로 코라 교회(Chora Church)를 방문하게 된 것은 특별한 기쁨이었다. 터키에서는 '카리예 박물관'이라고 알려진 이 교회는 건축 후 지진과 이슬람교의 탄압으로 무너지기도 했던 곳이다. 또한 내부의 모자이크 성화와 프레스코 성화는 회칠로 덧입혀졌다가 다시 벗겨지기를 반복한 교회라고 한다.

원래 코라교회는 4세기 초 콘스탄티누스 대제가 건설한 성벽 바깥에 세워진 복합 수도원이었다. '시골의 성스러운 구세주 교회' 또는 '야외에 있는 거룩한 구세주의 교회'라는 뜻이다. 그러니까 '교외·시골'이라는 이름의 'chora'를 그대로 유지하면서 벽면과 천장에 예수 그리스도의 일생을 담았다. 예수님의 제자들을 그린 그림으로 빼곡한 것도 특징이다.

예배당 본당의 지성소 오른편에는 성경을 펼쳐 든 예수 그리스도의 그림이 있다. 왼손에 든 성경에 적혀있는 "수고하고 무거운 짐 진 자들아 다 내게로 오라 내가 너희를 쉬게 하리라"(마 11:28)고 하신 말씀이 지금도 여전히 내 마음의 문을 두드린다.

다음날 마르마라해협을 따라 옛날 왕과 왕자, 왕족의 유배지로 사용되었다는 프린스 아일랜드로 향했다. 내 눈은 바닷가 아름다운 풍광보다는 소아시아 지역에 복음을 전하고자 했던 바울의 전도 열정이 배어나는 곳이라 깊은 묵상의 시간이 됐다.

로마로 이동

다음날 아침에 만난 그의 얼굴이 많이 상기되어 있는 것을 발견했다. 무슨 일이 있었느냐는 질문에 내일 6월 8일 로마행 항공편이 갑자기 취소되어 오후 늦게 출발하는 항공편으로 바뀌었다는 터키 항공사의 연락을 받았다고 했다. 예전 같았으면 항공사의 안내에 순전히 따랐을 그였다. 그런데 이 날은 한국말을 할 줄 아는 터키인 가이드의 도움을 받아 항공사와 한참 동안 실랑이를 벌였다. 결국 유럽 이스탄불에 소재한 공항이 아닌 아시아 이스탄불에 있는 사비아 괵첸 국제공항에서 출발하는 오전 비행기로 정해졌다.

하나님께서는 소아시아 지역으로 향하고자 했던 사도 바울의 열정을 사모한 것을 보셨던 모양이다. 그래서 그렇게 가 보고 싶어 하는 나를 위해 아시아 이스탄불에서 탑승이 이루어지게 하셨다.

사실 로마를 가게 된 것도 마음속에 시스티나 예배당의 천장화에 대한 관심을 가지면서부터 시작되었다. 국민일보로부터 원고 청탁을 받고서 제일 먼저 생각한 것이 미켈란젤로의 '천지창조'를 주제로 한 천장화였다. 그래서 관련 서적을 다섯 권 구입한 다음 그 자료를 토대로 글을 이어갔다. 그런데 마음 한 구석에 그늘진 느낌을 지울 수 없었다. 만약 이 책이 나왔을 때 "혹시 그곳을 직접 가 보셨나요?"라는 독자의 질문을 받기라도 하면 어찌지 하는 마음 때문이었다.

한 주간이 지나고 주일예배 후 오찬에 만난 그가 느닷없이 "목사님, 혹시 시간이 되시면 저와 함께 성지순례를 가시지요. 몇 년 전부터 이런 마음을 성령님께서 주셨는데 신경 쓸 겨를이 없었거든요. 올 가을에 신간서적이 나온다는데 9월 전에 한 열흘 정도 다녀오시면 어떨까요?" 하는 것이었다. 마음속 생각까지라도 감찰하시는 하나님의 간섭하심에 놀라지 않을 수 없었다. 그래서 마음은 급했지만 우선 여유를 가지고 물어 보았다. "아니, 회사 일이 그렇게 바쁜데 어떡하시려구요?" 그러자 그는 자신의 출장 일정을 변경해서라도 아무 차질 없도록 할 테니 가능한 시간만 알려 달라는 것이었다.

이렇게 해서 기왕이면 빠른 시일 내에 가자는 내 제안에 따라 6월 4일부터 열흘 정도의 여행이 결정되어 성지순례의 차원이 아닌 하나의 목적을 위해 로마에 가기로 한 것이다. 6월 8일, 로마 피우미치노 공항까지는 2시간 30분이 소요되어 오전 이른 시간에 도착할 수 있었다.

영화 '로마의 휴일'과 그림 속에서나 볼 수 있었던 로마의 인상 때문에 흥분된 마음을 감출 수 없었다. 그런데 입국 수속을 하면서 그런 기대가 무너져내리기 시작했다. 관광세를 받는 입장이라면 신속한 입국이 가능하도록 최선을 다해야 함이 마땅할 것이다.

그런데 한꺼번에 쏟아지는 입국자들을 대하는 그들의 인상은 천하태평이었다. 성수기 때는 더 많은 관광객들이 오기 때문에 이보다 더한데 지금은 비수기여서 다행이라는 듯했다. 다만 예외는 있었다. 유럽연합에 속한 자 또는 어린아이를 동반한 가족만 예외로 빠른 수속 라인을 제공해 주는 것으로 보였다.

이런 사실을 아는지 모르는지 한 아기를 안은 젊은 부부가 꼬불꼬불한 선을 따라 우리와 함께 한 발짝씩 내딛는 모습이 안쓰러웠다. 그래서 아기를 데리고 저쪽으로 가면 빨리 나갈 수 있잖느냐고 했더니 "Thank you!" 하면서 자기들도 아는데 친정아버지가 계셔서 어쩔 수 없다고 말하는 것이었다. 이 말 한 마디에 요령을 피울 줄 모르고 긴 줄을 서는 데 익숙한 그들의 여유로운 모습이 한편으로 부럽다는 생각도 들었다.

비행기를 타고 온 시간의 절반을 입국 수속에 허비하고서야 우리는 겨우 공항을 빠져 나올 수 있었다. 여행객을 위해 마련된 콘도 개념의 아파트에 도착하여 여장을 푼 다음 곧장 바티칸의 가장 큰 자랑거리 중의 하나인 성 베드로 광장을 찾아갔다. 뜨거운 햇볕이 내리쬐는 광장에는 수많은 관광객이 운집해 있었다. 공항에서부터 긴 줄에 익숙해진 터라 아무 어색함 없이 대성당 방향으로 길게 늘어져 있는 선 끝자락을 찾아가 이었다. 시간이 흐르면서 우리 뒤에도 많은 사람들이 계속 줄 서는 모습을 보면서 우리가 마지막이 아니라는 사실에 위안을 삼았다.

바티칸의 정서는 눈에 보이는 거룩함도 돋보였지만 화폐가 중심이 된 느낌을 지울 수 없었다. 대성당 꼭대기까지 가기 위해서는 500계단을 걸어야 했다. 그런데 한 사람 당 2유로를 지불하면 200계단까지는 엘리베이터로 올라갈 수 있다는 것이었다. '엘리베이터를 타는 데 돈을 받다니' 하는 불편한 생각이 들었지만 그들의 정책을 탓할 수 없는 일. 그런데 엘리베이터에서 내리자마자 한 사람씩 올라가는 좁은 계단을 오르면서 생각이 바뀌었다. 유료 엘리베이터라도 제공해 준 것이 얼마나 고마운 일인가를 그제야 깨달았다.

　로마의 전경을 한 눈에 볼 수 있는 대성당 꼭대기에 오른 우리 일행은 연신 카메라 셔터를 누르며 로마를 담기에 바빴다. 그리고 그곳 서점에 파송되어 사역하는 한국인 수녀 한 분을 만나 반갑게 인사를 나누면서 처지는 다르지만 애틋한 동포애와 남다른 정감을 느낄 수 있었다.

바티칸 박물관 관람

로마에서 보낸 둘째 날은 바티칸 박물관 관람 일정으로 빼빽했다. 영국의 영국박물관, 프랑스의 루브르박물관과 더불어 세계 3대 박물관으로 손꼽히는 이 박물관을 보기 위해 매일 3만 명에서 5만 명 정도가 이곳을 찾는다는 말에 놀랐다. 그리고 로마의 자국민 고용정책으로 20~30명 정도로 한 그룹을 만들게 하고 관광객을 위한 안내자와 함께 로마인 가이드 1명을 반드시 대동해야 입장할 수 있다는 것이다. 성인 1인 입장료만 17유로, 한화 2만 5000원 가량의 비싼 금액을 지불해야 하는 이유다.

고대 로마 시대의 유물과 르네상스, 바로크 시대의 최고의 걸작을 소장하고 있는 이 박물관은 1506년 산타 마리아 마조레 궁전 근처의 포도밭에서 라오콘 군상이 발견되고, 당시 교황 율리우스 2세가 이 조각상을 전시한 것이 시초가 되었다.

기원전 3세기경 만들어진 이 라오콘 군상은 그리스·헬레니즘 시기의 조각으로 트로이 전쟁 말기 그리스군의 목마 계략을 안 트로이의 신관 라오콘이 두 아들과 함께 신들이 보낸 상대방과 내통하는 큰 뱀에게 습격 받는 모양을 나타낸 대리석 군상이다.

뱀에게 옆구리를 물려 빈사 상태인 아버지를 중심으로 왼쪽에는 이미 숨을 거둔 아들, 오른쪽에는 뱀과 싸우는 둘째 아들을 배치한 이 작품은 바티칸 박물관에 있는 작품 중에서도 걸작으로 손꼽힌다. 아들을 구하지 못하는 아버지의 무기력함이 그대로 드러나는 표정과 놀란 근육의 입체감이 압권이다.

 이 조각상을 계기로 율리우스 2세는 바티칸에 당대 최고의 화가와 조각가를 불러들여 바티칸 궁전의 건축과 장식을 맡겼다. 이로 인해 지금의 박물관으로 자리잡게 되었다. 바티칸 박물관이 처음 일반에 공개된 것은 18세기 후반이다. 역대 교황의 궁전으로 사용되던 바티칸 궁을 박물관으로 개조하여 공개한 것이다.

 관광 가이드와 약속된 테르미니 지하철 역 주변으로 한국인 관광객이 하나둘씩 몰려들었다. 삽시간에 서너 팀이 형성되는 걸 보면서 우리나라의 해외 관광 열기를 짐작할 수 있었다.

 관광의 백미 깃발 따라가기에 나섰다. 모두 이어폰을 끼고서 가이드의 안내를 들으며 박물관 방향으로 행진을 계속한다. 언덕을 따라 한참이나 올라갔는데 관광을 마친 이들은 왔던 길을 다시 내려가고 있다. 한 줄은 올라가고 또 한 줄은 내려간다. 이들이 모두 바티칸 박물관을 보기 위해 세계 각지에서 몰려온 관광객이다.

 우리는 가이드에게 우리의 관람 목적을 밝혔다. 오늘 관람 일정에서 필요한 것은 시스티나 예배당의 미켈란젤로 작품뿐이니 박물관 입장과 동시에 우리는 자유롭게 행동하겠다고 했다.

단체로 이동하다가 자유의 몸이 된 것이 얼마나 행복했던지. 몸을 부딪치면서 앞만 보고 가이드의 설명에 의존하는 것보다 우리가 보고 싶은 것을 여유롭게 감상하고자 했다. 이 계획은 시스티나 예배당에서 적중했음을 느꼈다. 안내자를 동반한 그룹에 속한 대부분의 사람은 그의 깃발만 좇아가기에 바빴다. 그러나 우리는 천장화로 유명한 천지창조의 대작을 한참동안 물끄러미 쳐다보며 감상했다.

이 작품을 완성하기까지 미켈란젤로는 얼마나 많은 고생을 했던가. 이미 그에 대해 어느 정도 연구를 했던 터라 현장에서 직접 그의 작품을 감상하는 내게는 더 감동적이었다.

변덕스런 교황

로마 여행의 즐거움 중 하나는 1시간 동안 바티칸의 땅바닥에 앉아 가이드의 입담을 통해 전해지는 그럴 듯한 에피소드를 듣는 것이다. 교황 율리우스 2세는 바티칸 내 시스티나 예배당 천장에 성화를 그리라고 명령했다. 그림을 그려 본 적이 없는데다, 그냥 올려다보기도 힘든 40m 높이, 너비 13m의 거대한 천장에 그림을 그린다는 것이 얼마나 고통스러운 일이라는 건 충분히 짐작할만한 일이다. 그렇지만 그에게 거절할 수 없는 이유가 있었다. 조각을 위해 값비싼 돌들을 구입했던 미켈란젤로에게 대금을 지급할 길이 막혀버려서 돈이 급했는데 괜찮은 제안이었던 셈이다.

미켈란젤로는 교황에게 두 가지 조건을 내걸며 천장화를 그리기로 한다. 첫째, 내 그림이 완성되는 그날까지 절대 그림을 보지 말 것. 둘째, 매달 월급을 꼬박꼬박 줄 것을 요구했다. 교황도 조건을 걸었다. 그림을 그리는 기간 매일 진행되는 미사에 방해를 주어서는 안 된다, 천장화는 혼자 완성해야 한다였다. 서로에게 말도 안 되는 조건을 내걸었지만 이 협상은 체결되었고 그날로 미켈란젤로는 모든 것을 그만두고 시스티나 예배당에 들어가 천장화 그리기에 골몰했다.

나는 이것을 글로 옮기기에는 뭔가 확실한 근거가 부족하다는 생각에서 미켈란젤로에 대한 책을 펼치기 시작했다. 많은 도서들이 있었지만 그 중 마로 니에북스에서 발행한 질 네레의 '미켈란젤로'를 통해 보다 정확한 내용을 얻을 수 있었다. 그리고 시스티나 천장화를 직접 보고서 이 글을 정리하려고 하니 왠지 마음이 설렌다.

1505년 율리우스 2세는 미켈란젤로를 로마로 불러 자신의 웅대한 계획을 의뢰했다고 한다. 율리우스 2세는 특히 바티칸 대성당 안에 거대하고 인상적인 무덤 또는 영묘라고 불리는 마우솔레움을 지을 생각을 하고 있었다. 그는 로마 황제들의 선례를 좇아 교황의 도시를 체계적으로 재건할 계획을 세웠던 것이다. 정치적 개혁 의도가 담긴 도시 계획이었다.

교황과 그가 고용한 예술가는 궁합이 척척 맞았다. 둘 다 자신감과 열정이 넘쳤고, 광대한 구상으로 매우 들떠 있었다. 미켈란젤로는 조각상과 수많은 청동 부조가 어우러진 웅장한 무덤 설계안을 교황에게 제출했다. 교황은 매우 만족해했으며 미켈란젤로를 카라라로 보내 필요한 만큼 대리석을 캐도록 지시했다. 미켈란젤로는 하인 두 명과 말 한 필만을 데리고 산 속에서 8개월 이상을 지냈다고 한다. 그는 산에 있는 동안 극도의 환희에 젖어들었고, 심지어 산 전체를 조각할 꿈을 꾸기도 했다. 채취한 대리석 무더기가 산피에트로 광장에 도착했을 때 사람들은 엄청나게 큰 돌덩이에 놀랐고 교황은 기쁨에 넘쳐 어쩔 줄 몰랐다.

그러나 율리우스 2세는 변덕이 심했고 그의 참모 중에는 미켈란젤로를 경쟁상대로 생각하는 도나토 브라만테 같은 사람이 있었다. 율리우스 2세는 예고도 없이 마우솔레움 계획을 취소했던 것이다. 분노에 찬 미켈란젤로는 곧장 말을 타고 로마를 떠났고 귀환을 거부했다. 두 사람의 관계가 극도로 악화된 시점에서 율리우스 2세는 전혀 예기치 못한, 너무나도 위험천만한 새 계획을 세우고 있었다.

이번에는 미켈란젤로에게 시스티나 예배당의 천장화를 그리도록 명령한 것이다. 이것은 미켈란젤로를 시기하는 브라만테와 다른 경쟁자들이 교황을 통해 놓은 덫이나 다름없었다. 미켈란젤로가 거절한다면 또 다시 율리우스 2세와 다툼이 생길 것이고 만약 승낙한다 해도 결과는 뻔했다. 조각가 미켈란젤로는 교황이 부여하는 '영예'를 피하려고 갖은 애를 썼다. 그는 회화가 자신의 분야가 아니며 따라서 실패할 수밖에 없다고 주장했다. 심지어 당시 최고의 미술가 라파엘로를 추천했으나 소용이 없었다. 교황의 의지는 확고했다. 미켈란젤로는 이를 악물고 작업에 착수할 수밖에 없었다.

교황의 사과를 얻어낸 화가

여행 중 만난 가이드는 박식한 사람이었다. 다음은 그가 현장에서 우리에게 설명한 내용이다.

미켈란젤로가 교황으로부터 주문받은 그림의 내용은 천지창조였다. 미켈란젤로의 이 천장화 이전에는 아담의 탄생에 대한 그림이 거의 없었다. 하나님이 인간에게 생기를 불어 넣는 과정을 그림으로 표현할 수 있는 화가가 없었기 때문이다. 그래서 미켈란젤로 역시 이 부분에 대한 고민의 시간을 벌어야만 했다.

그런데 문제는 미켈란젤로가 노아에 관한 이야기 세 점을 완성하고 나서 벌어졌다. 교황이 약속한 월급을 제 때 주지 않자 미켈란젤로는 붓을 던지고 로마를 떠나버렸다. 교황의 명을 어기고 떠난 미켈란젤로의 소식을 듣고 화가 난 교황은 대체 얼마나 대단한 그림을 그렸는지 보기나 하자고 예배당으로 들어와 천막을 들췄다. 그리고 그 그림 앞에 교황은 무릎을 꿇고 말았다.

교황은 그가 원하는 것이라면 모두 들어주겠다는 선포와 함께 당장 미켈란젤로를 불러오라고 명령했다. 그러자 미켈란젤로는 그다운 답변을 보내왔다. 그가 원하는 것은 돈도, 그림을 도울 조수도 아니었고 단 하나 교황의 사과였다. 그 미안하단 말을 듣기까지 6개월, 미켈란젤로는 다시 로마로 돌아와 천장화를 그리기 시작했다.

이처럼 입 소문을 탄 야사의 한 토막은 재미를 더해 준다. 하지만 또 다시 근거를 중심으로 내용을 정리해 보자. '천지창조'라는 엄청난 천장화 작업은 1508년 5월 10일에 시작되었다. 미켈란젤로는 자신의 전공분야와는 전혀 다른 프레스코 기법을 새롭게 창안하고자 했다. 그는 자기를 궁지로 몰아넣고 있는 브라만테가 주겠다는 도움을 전부 거부했고, 그에게 조언을 주고자 불러온 노련한 프레스코 화가들마저 거절했다. 대신 인부 몇 명만 데리고 예배당에 틀어박혀 작업했다.

미켈란젤로는 소크라테스를 통해 회화의 목적은 영혼을 재현하는 것이라고 배웠다. 미켈란젤로의 회화는 조각을 모방했기 때문에 규모가 클 수밖에 없었다. 게다가 프레스코는 고도의 전문적 기술을 요하는 매우 섬세한 작업이다. 전문가 바사리의 말을 들으면 쉽게 이해가 간다.

"프레스코는 계획한 공간을 반드시 하루에 그려야 하고, 그날 그려야 할 공간이 다 채워질 때까지 중단하지 않고 계속해서 젖은 석회 위에 직접 그려야 한다."

미켈란젤로는 이 작업을 수행하는 동안 엄청난 고통을 치러야 했다. 그는 자주 모든 것을 내팽개치고 어디론가 도망갈 생각을 했다. 특히 '홍수'의 작업이 한창 진행 중일 때, 프레스코에 곰팡이가 피면서 작품의 형태와 색상이 변하기 시작했다. 미켈란젤로는 너무 절망한 나머지 작업을 모두 포기하고 싶었다. 그러자 교황은 건축가 줄리아노 다 상갈로를 보냈고, 그는 회반죽에 함유된 물의 양을 줄임으로써 곰팡이를 제거했다고 한다.

교황과 미켈란젤로의 사이는 계속 껄끄러웠다. 콘디비는 그때의 상황을 이렇게 회고했다.

"어느 날 교황이 그에게 언제 작업을 끝내겠느냐고 물었더니 미켈란젤로는 여느 때처럼 '제가 끝낼 수 있을 때 끝내겠습니다'라고 대답했다. 교황은 화가 치밀어 '끝낼 수 있을 때라니! 끝낼 수 있을 때라니!'라고 되풀이하며 그를 지팡이로 내리쳤다. 미켈란젤로는 집으로 돌아가서 즉각 로마를 떠날 준비를 했다. 다행히도 교황은 재빨리 아쿠르시오라는 젊고 상냥한 소년 편에 500두카를 보냈다. 아쿠르시오는 최선을 다해서 미켈란젤로를 진정시키고 율리우스 2세를 대신해 사과했다. 미켈란젤로는 그의 사과를 받아들였다."

그러나 프레스코는 여전히 완성되지 않았고 조바심이 난 교황은 미켈란젤로를 비계 꼭대기에서 밀어버리겠다고 위협했다. 그는 자신의 대작을 보여줄 수밖에 없었다. 미켈란젤로는 "이 작품은 내가 원하는 만큼 완성되지 못했다. 교황의 성급함이 작품의 마무리를 방해했다"라고 투덜거렸다.

1511년 8월 1일, 교황은 시스티나 예배당의 미사에서 "바로 이곳에서 새로운 그림을 보게 되었다"라고 선언했다. 작품은 1512년 마침내 완성되었고 그해 10월 31일 대중에게 공개되었다.

하지만 율리우스 2세는 '천지창조' 천장화가 공개된 지 4개월 후 세상을 떠났다. 그는 자신이 주문한 대작을 고작 몇 개월밖에 즐기지 못했다. 거부하는 미켈란젤로에게 조각이 아니라 그림을 강요함으로써 벌을 준 바로 그 사람이 자기 몫의 벌을 받은 셈이다.

수많은 인파가 몰려들고 흩어지기를 반복하는 시스티나 예배당 내에는 장엄할 정도로 엄숙함이 감돈다. 사진 촬영을 금지함에도 불구하고 연신 셔터를 누르는 관람객들에게 경고를 알리는 음향 소리가 들릴 때는 움찔할 정도로 놀라게 된다.

'천지창조' 천장화 아래로 서쪽 벽면에 '최후의 심판'이 있다. 환갑이 된 미켈란젤로는 교황 클레멘스 7세가 종교 지도층의 부패와 로마에서 일어난 재난의 연속에 대한 분노의 감정을 달래기 위해 제단 위 벽에 '최후의 심판'을 그려달라는 의뢰를 받았다. 그러나 1년 만에 교황이 사망하게 되자 이 작업은 일시 중단되었다가 알렉산드로가 교황 바오로 3세로 취임 후 다시 의뢰함으로써 '최후의 심판'이 완성되었다.

14미터에 달하는 높이의 벽면에 온갖 인간의 형상을 망라한 391명의 육체의 군상이 그려져 있다. 이 대작이 시사한 바가 크다. 당시 교황의 의전담당관으로서 가장 부패한 인물이었던 비아지오 다 체세나 추기경의 끈질긴 방해에도 불구하고 미켈란젤로는 부르심을 받은 자답게 조금도 굴하지 않고 그를 '지옥의 수문장 미누스'로 그려 넣을 정도로 타협하지 않고 신앙의 강직함을 표현했다.

트레 폰타네 : 세 분수 교회

로마에서의 셋째 날, 바울 사도가 순교한 장소로 추정되는 트레 폰타네를 찾았다. 사도행전과 옥중서신을 통해 늘 만나왔던 그분을 찾은 느낌이었다. '바울 사도의 길'과 '그분의 마지막 여정'이 오롯이 서려있는 숙연함 때문인지 나도 모르게 고개가 숙여졌다.

'트레 폰타네(Tre Fontane, 三泉)'. 2년간 가택연금 됐던 바울 사도가 어떻게 순교했는지는 확실치 않지만 64년 네로 박해 때였을 것으로 추측하고 있다.

네로 황제가 빈민가를 불 지르자 시민여론이 사나워졌고, 네로는 다급한 나머지 그리스도인들을 방화범으로 몰아 박해를 시작했던 것이다. 이때 바울과 베드로 두 사도 모두 순교한 것으로 여겨진다.

베드로는 '십자가형'을 받았지만 로마시민권자였던 바울은 참수형으로 순교를 당했다. 전설에 따르면 이곳을 담당했던 형리가 사도 바울의 목을 자르니 머리가 세 번 튀었다고 한다. 그러자 그의 머리가 튄 자리마다 샘물이 퐁퐁 솟아났는데(三泉) 이것을 형상화한 그림과 조각이 이곳에 다양한 작품으로 걸려있다.

트레 폰타네 바울 순교 기념교회 안으로 들어가자 아담한 규모에 적막할 정도로 깊은 고요함이 흘렀다. 바울 사도가 참수됐을 때 그의 목을 대고 잘랐다는 돌기둥과 3개의 분수를 뜻하는 솟아나는 샘물 앞에서 순교자의 모습을 온전히 느낄 수 있었다.

바울이 3차례의 전도여행을 하면서 겪은 수많은 고난의 경험과 상처는 사기를 이방인의 사도로 삼아주신 주님의 흔적이 되었다. 그리고 세상의 신으로 추앙받고자 했던 황제에게 바울은 살아계신 하나님을 증거하기 위해 로마를 찾았다.

로마 권력은 바울 사도를 꼼짝할 수 없도록 묶어 놓았다. 그러나 사도는 감옥생활을 하면서 성령의 감동 속에 옥중서신을 썼던 것을 보면 결코 그를 감옥으로도 묶지 못했던 것을 알 수 있다. 그것이 바로 신약성서에 나오는 4권의 서신 '에베소서', '빌립보서', '골로새서', '빌레몬서'다.

세상은 그를 목 베어 죽였다. 그러나 십자가를 지시고 피 흘리신 주님께서 부활하신 것처럼 인간 바울의 육신은 죽어 사라졌지만, 그를 통해 전달된 말씀은 지금까지 우리 안에서 살아 역사하는 성경으로 남아 있다.

트레 폰타네의 감동을 뒤로 한 채 가까운 곳에 있다는 콜로세움으로 향했다. 피의 함성이 울리던 것을 생각하면 분노의 감정도 있었지만 은근히 고대 로마 최대 원형경기장인 만큼 보고 싶은 마음이 앞섰다. 하지만 그 길을 방해한 것은 다름 아닌 동성애자들을 가득 태운 자동차 행진이었다. 현란한 모습을 하지는 않았지만 자신들을 상징하는 무지개깃발이 멀리서 포착되어 발길을 돌릴 수밖에 없었다.

　우리의 길을 인도하시는 성령께서는 매우 민감하게 역사하신다. 하나님의 자녀에게 조금이라도 은혜에 흠이 되는 것은 곧 바로 제거해 주시는 것을 체험하고서 감사했다.

아름다운 대화

　로마의 일정을 모두 마치고 귀국길에 오르기 위해 다시 이스탄불 공항으로 갔다. 6시간이라는 긴 시간 동안 대기하는 형편이었지만 프라임클래스 공항 라운지에서 럭셔리한 각종 요리와 음료, 다과 등을 즐기면서 그동안 쌓인 긴장을 마음껏 풀 수 있었다.

　게다가 라마단의 특색을 조금이나마 알게 된 한 사건이 있었다. 주위를 둘러보면서 먹음직스런 음식을 찾고 있는데 우리네 대추보다 훨씬 큰 것으로 만든 것 같은데 먹을거리가 있었다. 그래서 경험이 많은 그에게 물었더니 맛이 아주 특별하다며 한번 시도해 보라고 했다.

　더 궁금해지기 전에 가져와야겠다 싶어서 찾아갔는데 이게 어찌된 영문일까. 하필 내가 눈독을 들였던 그것만 감쪽같이 치워져 보이질 않았다. 그 짧은 시간에 고객이 그것만 가져갈 리는 만무했다. 주방 요리사에게 그게 어디 있느냐고 물었더니 자기는 모르는 일이라며 시큰둥한 표정이었다.

　이쯤 되면 포기할 만도 한데 언제 다시 이스탄불에 오겠나 싶어서 끝까지 추적해 보기로 했다. 아래층 라운지로 내려가면 그것을 구할 수 있을지도 모르겠다는 말을 듣고 내려갔다. 경력이 있어 보이는 주방 요리사에게 물었더니 방금 저 뒤편 엘리베이터로 걸어간 여성이 이곳 관리자인데 그에게 물어

보라는 것이었다. 엘리베이터에 오르기 직전에 그를 불러 여기까지 오게 된 상황 설명을 했다.

그러자 위층에 가서 직접 확인하고 오겠다며 잠시 기다리라는 것이다. 잠시 후 내려 온 이 관리자의 말은 라마단과 연장선상의 일이어서 그렇다며 이해해 달라고 했다. 그의 설명은 이랬다. 그 요리를 담당했던 사람이 독실한 이슬람교도인데 밤 8시 30분에 라마단 금식이 끝나면서 그 시간부터 음식을 자유롭게 먹을 수 있다는 계율에 따라 자기의 일을 정리하고 정상적으로 퇴근했다는 것이다.

그러면서 자기가 그 음식을 치워둔 곳에 가서 가져오겠다며 나를 안심시켰다. 이날 나는 계율을 지키며 자기중심으로 살아가는 한 이방 종교인과 타인 중심으로 끝까지 배려하고자 정성을 다하는 한 관리자를 동시에 보았다. 그리고 어렵사리 구한 것을 내게 건네면서 "이스탄불에서 즐거운 추억이 되길 바란다"며 따뜻하게 인사하는 그 모습에 진정한 서비스 정신을 경험했다. 터키의 인상도 그만큼 깊어졌다.

공항 라운지에서 보낸 오랜 시간은 결코 무료하지 않았다. 왜냐하면 열흘 가까이 그와 함께 여행을 하면서도 연신 셔터를 누르기에 바빴고 유물에 푹 빠져 이런 여유로운 대화의 시간을 갖지 못했기 때문이다. 항공기 안에서도 현재 하고 있는 일과 앞으로의 전망에 대해 충분한 얘기를 나눌 수 있었다.

그는 그동안 해외에 지사가 많이 늘어났다고 했다. 회사의 경영목표도 월드와이드 비즈니스로 변환하여 미국을 비롯한 브라질 일본 중국 베트남 말레이시아 홍콩 등지에 새로운 시스템을 구축하고 있다는 것이다.

전 세계가 지구 온난화의 주범인 이산화탄소 배출량의 감소를 위해 의무적 감축 할당량을 지정한 파리협약을 의결하였고, 이에 따라 각국마다 비상이 걸렸다고 한다. 화력발전으로 전기를 만드는 곳에서는 당연히 석탄, 석유 화학 제품을 많이 쓸 수밖에 없는데 아직도 상당량의 전기가 화력발전으로 만들어지고 있는 게 현실이란다. 그러나 우리나라를 비롯한 대부분의 국가들이 할 수 있는 것은 이산화탄소를 발생시키는 기업을 향하여 사회적 의무를 다할 것을 요청하며 책임을 떠넘기고 있다는 것이다.

이러한 때에 맞추어 2017년 6월에 그가 개발한 전기절감장치 제품이 조달청에서 시행하는 성능시험을 통과하여 조달 우수품으로 등록된 것은 하늘이 내린 선물이었다. 국가 조달기관으로부터 공식적으로 인정을 받게 되자마자 국내보다 중국의 움직임이 빨라지기 시작했다고 한다. 올해부터 정부 차원에서 그의 제품을 설치하는 기업마다 대출 자금을 지원하는 형식으로 대대적인 보조를 해주고 있다. 중국 시장이 확대되면서 13억 중국민의 사랑을 받는 선교적 기업의 역할을 감당할 수 있게 해달라는 중보 기도를 요청했다.

이웃나라 일본 기업에서도 올해부터 부쩍 관심이 커졌다고 한다. 그렇게 콧대 높은 일본 자동차의 대명사인 토요타의 움직임이 예전과는 180도 달라졌다고 했다. 또한 말레이시아에서도 에너지 절약 제품으로 선정되어 그의 전기 절감장치를 설치할 경우 100% 세금 감면의 혜택을 받게 된다는 것이다.

하나님께서는 그에게 지혜와 지식의 영을 더하셔서 새로운 특허 신청을 할 때마다 인정받게 하셨으며, 제품 성능 개발이 지속적으로 이루어져 눈에 띌 정도로 효과가 개선된 것을 보면서 이것은 한 인간의 능력이 아닌 창조주 하나님께서 하신 일이라고 말했다.

이제 글로벌 기업으로 올라서는 단계로 미국 캘리포니아에서 공장을 가동할 준비를 하고 있는데 마무리 단계에 있다는 소식도 들려줬다. 미국을 발판으로 세계로 향하고자 하는 그의 비전을 읽을 수 있었다.

오대양 육대주가 보인다

　국내 최고의 H 선박회사에서 절감장치에 관심을 갖기 시작한지도 어느새 3년이란 세월이 흘렀다. 할 듯 말 듯 간만 보고 있는 것에 속이 타 들어가고 있었다. 그런데 "선박 대기오염물질 규제 강화"를 강조하는 국제 사회의 발빠른 움직임이 그를 돕고 있었다.

　이코노미스트의 "Green financ for dirty ships?" 기사에 따르면 중유를 사용하는 가장 큰 선박 15대가 배출하는 유해 산화물(질소, 황 등)은 전 세계 자동차 수십만 대가 배출하는 유해 산화물보다 많다고 한다. 그래서 3년 간이나 끌고 온 지루한 공방도 마침내 끝자락에 왔다는 얘기를 할 때는 그간의 힘들었던 일이 회상되었든지 눈시울이 벌겋게 붉어졌다.

　대형 선박의 경우 고층 규모의 대형 빌딩만큼이나 전력량을 많이 사용하게 된다. 그러기에 해외로 화물을 운송하는 국내선박들은 물론 대서양과 태평양을 운항하는 대부분의 선박들이 수에즈 운하와 파나마 운하를 지난다는 것이다. 그 길목에서 대기 중인 모든 선박을 대상으로 이 장치를 장착하게 될 날이 다가오고 있다니 앞으로 될 일이 상상만 해도 즐거웠다.

　그와의 대화 속에서 하나님의 일이 시작되었음을 느꼈다. 여호와의 깃발이 높이 들려서 펄럭거려야 하는 시점이라는 강한 사인이 왔다. 여호수아가 아말렉 군사들과 전투를 할 때 모세는 기수의 역할을 했다. 모세의 손에 하나님의 깃발이 높이 들려 있기만 하면 여호수아의 군대는 이기게 되어 있다. 그러나 그 깃발이 내려온 순간 지게 되는 것이다. 결국 이 전쟁은 여호와의 전쟁, 여호와께서 총사령관이 되어 치른 전쟁임을 보여준다.

 중요한 건 지금 우리가 하나님 나라의 군대로 부름 받아 하나님의 전쟁을 치르고 있다는 사실을 한시도 잊어서는 안 된다. 항상 깨어있어 기도해야 한다. 또한 모세만 기수의 역할을 한다는 것은 너무 벅찬 일이다. 모세의 손이 내려오지 않도록 아론과 훌이 팔을 받친 것처럼 여호와의 깃발을 함께 들고 있어야 하는 것이다.

 우리의 인생 자체가 바로 여호와의 살아계심과 하나님 나라를 드러내는 깃발이라는 사실을 인식하는 것이 필요하다. 그래서 두렵고 떨림으로 우리 구원을 이루어 가야하는 막중한 책임감을 갖고서 맡은 일에 충성을 다해야 한다.

 지금 그는 넓은 세상의 다양한 전쟁터에서 여호수아의 역할을 감당하고 있다. 그를 위해 여호와의 깃발이 내려오지 않도록 돕는 중보의 역할이 필요하다. 지금까지 기나긴 터널을 지나는 과정은 순탄치 않았다. 그러나 이제부터 터널의 출구가 보이기 시작했다.

 그러기에 향후 그를 통해 더 크고 더 놀라운 일을 이루실 하나님께 모든 것을 맡기자고 권면했다. 그러면 여호와 닛시의 승리를 얻게 될 것이며 하나님의 크고 은밀한 일이 계속해서 이루어질 것은 당연하다.

　대화를 나누다 보니 금세 5시간이 흘러 어느새 01:15분에 출발하는 인천행 비행기에 탑승할 시간이 다가왔다. 역시 내 좌석은 비즈니스, 그와 그 딸의 좌석은 이코노미석이다. 탑승권을 발급받기 위해 창구로 갔더니 일찍 온 사람들로 붐볐다. 담당 직원이 잠시 대기해 줄 것을 요청하기에 웬일인가 했더니 "축하합니다. 오늘따라 한국을 찾는 승객이 너무 많아 만석이 되는 바람에 두 분을 비즈니스 석으로 승격해 드리겠습니다."라며 반갑게 말하는 것이었다. 우리는 이스탄불 공항에서 "할렐루야!"를 외치며 하나님께서 베푸신 은혜에 감사와 영광을 돌렸다. 그리고 우리의 대화를 들으신 주께서 그의 일을 통해 역사하실 것에 대한 사인을 담아 주신 특별 보너스로 여기며 함께 기뻐했다.

　한밤중에 이륙한 비행기는 10시간 가까이 하늘을 날았고, 맑고 쾌청한 유럽의 여름과 달리 반갑지 않은 후텁지근한 6월의 찜통더위가 우리를 기다리고 있었다. 그래도 여전히 고요한 아침의 나라 인천 공항에 도착하니 달달한 공기에 마음이 평안해졌다. 그때 시계는 오후 5시를 가리키고 있었다.

공군사관학교로 가는 길

반전 또 반전

전혀 새로운 길

군사 유학

설상가상

버스 운전 면허증

헬리콥터 탑승의 소망

2부
미래를 향한 비전

장덕봉 목사

공군사관학교로 가는 길

진로를 결정하여야 할 시기, 신학교를 지원하라는 아버지의 극성과 영문학을 전공하고 싶은 나의 고집이 충돌하여 결국 나는 자립을 목표로 공군사관학교에 지원했다. 1차 신체검사, 2차 필기고사, 3차 면접 및 정밀신검, 어느 한순간도 마음 놓을 수 없는 긴장된 순간이었다.

하지만 내게는 1차 시험이 가장 힘들게 여겨졌다. 지원에 합당한 신장의 요구 조건이 162.5cm였는데 난 0.5cm가 부족한 상태였다. 다행스러운 것은 나보다도 3cm나 작았던 친구가 같이 시험을 치르는 것이 그나마 위로가 되었다.

접수번호가 한 자리 앞섰던 내 친구가 먼저 시험장에 들어갔다. 첫 번째 순서는 키 재기였다. 본인의 키를 알고 있는지라 친구는 뒷발을 살짝 들었는데, 그것을 눈치 챈 검사관이 단번에 "159cm, 탈락!"이라고 소리쳤다.

누구보다도 충격을 받은 것은 다름 아닌 나였다. 친구가 떨어져서가 아니라 나도 탈락할 수 있다는 불안감 때문이었다.

다음 순서를 기다리고 있던 나의 마음은 마치 공중 위를 날아다니는 지푸라기처럼 공허했으며, 몸은 간신히 숨만 쉴 정도로 무기력했다. '여기서 떨어지면 희망이 없다. 아버지가 원하시는 신학은 내가 갈 곳이 아니다. 어떤 일이 있어도 나는 1차 관문을 통과해야만 한다.'

내 이름이 호명되었고, 나는 신장 점검대에 올라섰다. 참으로 놀라운 것은 내 의지와는 상관없이 나의 뒷발이 고무줄처럼 자연스럽게 올라가는 것이었다. 그 순간 "166cm, 합격!"이라고 외치는 검사관의 소리가 우렁차게 들렸다. 나는 한 번 더 체크라도 할까봐 얼른 내려와서 자리에 앉았다.

다음 수험자의 이름을 부르기까지 10초의 시간이 그렇게 길게 느껴진 적은 없었다. 부모님의 도움을 받지 않고 내 인생을 개척하기 위해서는 선택의 여지가 없었던 터라 하나님은 나의 꿈을 좌절시키지 않으셨던 것 같다.

입학의 고비는 넘겼으나 사관학교에 들어와서 더 큰 문제에 부딪혔다. 공학에 대한 사전지식이 전혀 없었던 나로서는 공학 자체가 고난이었다. 특히 3학년이 되면서 전공과목을 선택해야 하는데 쏠림 현상이 나타날 경우에는 자신의 희망과 상관없이 제비를 뽑아 결정했다. 그래서 전공과목 중에서도 스스로 가장 취약하다고 생각한 전자공학만큼은 피하게 해달라고 간절히 기도했다.

그런데 기도의 응답은 나의 요구와는 정반대로 이루어져 낙심이 컸다. 그래서 나는 전공과목에서 낙오되지 않기 위해 이해가 되지 않는 것은 통째로 외우는 원시적인 방법을 동원하여 최첨단 전자공학도의 길을 걸어갔다.

또 하나의 복병은 기독생도회의 신앙 활동이었다. 약 450여 명의 기독생도를 섬길 일꾼을 3학년 중에서 뽑았는데 나는 절대로 임원이 되지 않게 해달라고 기도했다. 왜냐하면 전공과목에 대한 심한 스트레스 때문에 학업에 전념하고 싶었기 때문이다.

그러나 이미 물은 내가 엎질러 놓은 상태였다. 1학년 때부터 예배가 있을 때마다 언덕 위에 세워진 공군사관학교 성무교회에 먼저 올라가 예배를 준비하고 기독생도들을 섬긴 탓에, 회장 선출 시간은 많은 생도의 예상을 뒤엎고 나를 위한 독무대가 되고 말았다. 보잘것없는 나를 이토록 사랑하사 회장으로 세우신 것은 미련한 것을 택하사 지혜로운 자들을 부끄럽게 하시려는 하나님의 특별한 섭리였다고 할 수밖에 없었다.

이때부터 나는 내 삶이 하나님의 통제 속에 있다는 것을 알았고, 더 이상 내 마음대로 내 뜻대로 움직일 수조차 없다는 사실을 깨달았다. 내 인생의 방향을 완전히 뒤바꾸어 놓은 것은 그해 12월 27일, 수원중앙침례교회에서 송년특별성회가 열린 밤이었다.

군종목사님께서 기독생도를 대표하여 회장이 함께 가는 것이 좋겠다고 하는 바람에 사관생도 제복을 입고 초대받은 자의 모습으로 수천 명이 앉아 있는 틈새에 나도 한 자리를 차지했다. 생도 생활의 각진 틀에서 벗어나 은혜의 신선함을 맛보는 기대로 마음은 한껏 부풀어 있었다.

첫날 강사님의 말씀이 선포되는 시간이었다. 그런데 이게 웬일인가? 그분이 하신 첫마디는 "여기에 오신 분 중에서 하나님은 당신의 종이 되길 원하시는데 내가 거부하신 분은 회개하십시오!"라는 말씀이었다. 그 말을 듣는 순간, 흘러내리는 눈물을 주체할 수가 없었다. 중간 자리에 있어서 자리를 뜰 수도 없는 상황이었다. 나는 예배 시간 내내 훌쩍거리며 흐르는 눈물을 연신 훔쳤다. 좌우에 앉으신 분들께는 큰 방해가 되어 죄송한 마음으로 고개를 들지 못했다.

3년 전에 아버지께서 "아들 셋 중에 둘째인 너를 서원했노라"며 신학교에 가라고 그렇게 사정하시던 모습이 뇌리를 스치며 지나갔다. 그때 나는 아버지의 간곡한 청을 뿌리치고 공군사관학교를 지원한 것이었다.

반전 또 반전

'3년의 생도 생활을 어렵게 마친 이 시점에서 하나님께서 날 당신의 종으로 부르셨단 말인가? 그렇다면 1차 시험에서 보기 좋게 떨어뜨리시지 왜 여기까지 오게 하신 것일까?'

그날 밤 나는 심한 허탈감으로 견디기가 어려웠다. 예사롭지 않은 말 한 마디의 메시지에 꼬꾸라진 나는 예배가 끝난 후 아버지께 전화를 드렸다.

"아버지, 저 신학을 할 테니 기도해 주세요."

뜻밖의 전화를 받으신 아버지는 얼마나 흥분하셨던지 "그럼 지금 당장 나오거라"며 재촉하시는 것이었다. 난 아버지를 설득시켜야 했다.

"제가 지금 사관학교를 그만두면 아버지 외에는 좋아할 사람 아무도 없어요. 공부 못해서 잘렸다고, 아니면 힘드니까 도망쳤다고 다 욕해요. 그러니 제가 군에 있는 동안 신학교를 가든, 전역 후에 가든 기회가 올 때 갈 테니 기도해 주세요."

내 말 뜻을 이해하셨는지 아버지는 "그래라"고 내 의견에 따라 주셨지만 기뻐하는 기색이 역력했다.

한 해 동안 기독생도회장의 임무를 감당하면서 여러 가지 경험을 했다. 육군사관학교 기독생도 수련회에도 참석했고, 해군의 어머니로 잘 알려진 홍은혜 권사님과 함께 준비하여 충남 공주에서 2박 3일간 열었던 공군사관학교 기독생도 수련회를 이끌기도 했다.

그때 공주경찰서에서 나온 수사과장에게 조사를 받았다. 우리 일행이 도착하기 얼마 전에 대학생들이 농촌 봉사활동을 하면서 불온 전단지를 뿌리고 주민을 선동했기 때문이란다. 학교의 승낙을 받은 행사가 아니어서 불안하기도 했지만 수련회를 마무리하던 날 다시 와서 "주민들이 어찌나 좋아하던지 며칠 더 할 수 없느냐?"며 아쉬워한다는 말을 전해줄 때는 안심이 되었다.

후반기 동계 수련회 때에는 후배들에게 많은 고통과 어려움을 주기로 유명한 4학년 선배 한 분이 내게 찾아와 회개하는 심정으로 생도 수련회에 참석하고 싶다며 함께 갈 수 있도록 도와 달라는 것이었다. 이 사실을 알게 된 다른 기독생도들이 크게 반발을 했다. 그분이 합류할 경우 참석률에 큰 영향을 미치게 될 것이라며 회장의 결정을 압박해 왔다.

그러나 갈보리 언덕에서 십자가를 졌을 때 만난 한 명의 강도에게도 구원의 기회를 주신 주님을 생각했다. 그리고 그 선배를 참석케 하자고 설득해서 주의 은혜 가운데 수련회를 잘 끝내게 되었다. 그런데 이 선배가 졸업 후 비행대대에 배치된 지 2년 만에 비행사고로 순직할 줄을 누가 생각이나 했으랴! 나는 그때 2년 전 생도시절 그 선배의 마지막 회개의 간청을 생생하게 떠올리면서 자비를 베푸신 하나님께 감사의 기도를 드렸다.

공군사관학교를 졸업하기 위해서라면 신체의 이상과 같은 아주 특별한 경우를 제외하고 누구나 비행훈련을 받게 된다. 그 당시에 사관학교는 서울에 있었고 비행훈련장은 대전에 있었다. 나는 이미 목회를 구상하고 있던 터라 비행훈련이 피부에 와 닿지 않았다. 게다가 전담 비행교수마저 다른 훈련에 참석한 터라 나는 고아처럼 다른 팀에 합류하여 훈련을 받았다. 그러니 처음부터 비행훈련은 제대로 될 리가 없었다.

한 번은 서울에서 대전으로 열차를 타고 내려가던 중 라디오 방송에서 '지금 서울 서교동에 있는 한 교회 건물에 화재가 나 진화작업을 하고 있다'는 긴급뉴스가 내 귀에 들렸다. '조금 전까지만 해도 대학부 예배에 참석했던 우리 교회가 아닐까' 하는 불길한 예감이 들면서 갑자기 마음이 급해졌다. 2시간 반이 얼마나 지루했던지… 열차에서 내리자마자 큰 누님에게 전화를 걸었다. 아니나 다를까. 큰 누님은 우는 목소리로 오늘 오후에 우리 교회 강단에서 전기 누전으로 화재가 발생하여 교회 주변이 아수라장이 되었다는 것이었다.

얼마 전까지만 해도 화재를 대비하여 최신 경보장비를 설치하게 되었다는 소식으로 전 성도가 기뻐했는데 이게 웬일이란 말인가! 내 인생에서 가장 긴 한 주간을 보내고 서울에 올라온 나는 지하 1층에 가마니와 거적때기를 깔고서 드리는 주일 예배에 참석했다. 그토록 회개하며 울어본 적도 없었다.

대표기도를 맡으신 장로님도 "우리의 교만을 용서해 달라"며 눈물로 회개의 기도를 드렸다. 담임 목사님의 설교도 "목양실에 있던 서재도 다 탔고, 가운도 다 타고 모든 것이 다 탔지만 손에 들고 다니던 성경은 태우지 않으신 하나님께 감사를 드립니다"라고 떨리는 목소리로 말씀하셨다. 그러면서 "겸손하게 새로 목회를 시작하는 마음으로 창세기부터 다시 말씀을 준비할 테니 함께 힘을 합하자"는 말씀으로 성도들을 다독이셨다.

세 번의 비행이 그럭저럭 끝난 다음 네 번째부터는 전담 교수의 진행으로 훈련이 이어졌다. 교수님과 함께 첫 비행훈련을 마친 다음 그분을 찾아갔다. 그리고 지금의 전공과 상관없이 목회자의 길을 가기로 결심했다는 개인적인 사정을 털어놓았다. 그러자 이상한 낌새라도 눈치 챈 듯 위에서부터 아래로 훑어보시더니 내 가슴을 한 번 탁 쳤다. 그리고 "너 이런 얘기 아무에게도 하지 마라!" 하시면서 알았으니 나가라는 것이었다.

다음날 다섯 번째 비행과 마지막 체크를 앞둔 여섯 번째 비행은 미래 천국 길 안내자의 장도를 축하하는 비행으로 진행되었다. 비행교수님은 "너의 장래를 축하한다"고 하시면서 "대청호 주변 경관이 아름답지!" 하시며 내게 호의를 베푸셨다. 이렇게 해서 나는 조종사의 꿈을 접고 예비 목회자의 길로 한 걸음 더 다가서게 되었다.

전혀 새로운 길

졸업 후 3년간은 무조건 항공기와 연관된 부서에서 근무해야 한다는 상부의 지침에 따라 나는 항공기 정비특기를 신청했다. 그리고 장차 자동차 정비라도 하려면 전투기가 아닌 프로펠러기종이 낫겠다 싶어 강원도 횡성에 있는 왕복기 전문부대로 가겠다고 자원했다.

사관학교를 갓 졸업한 신출내기 소위가 왔다며 난리가 났다. 어리둥절한 채 극진한 대접을 받는 가운데 하루를 보내고 다음날 출근을 했을 때 나는 전혀 다른 일을 맡게 되었다. 비행단장님의 부관으로 차출되었다는 것이다. 어제 신고식 때 뵙기는 했지만 너무 긴장했던 탓에 비행단장님의 얼굴은 기억에도 없었다. 그런데 사회 경험도 전혀 없는 소위를 부관으로 쓰시겠다는 대단한 결정에 두려움이 앞섰다. "마음 편히 나를 잘 도와주면 돼"하시는 말에 긴장감이 사라졌다.

하지만 한 번도 장군을 모셔본 경험이 없는 데다 운전병과 당번병의 실수까지 연속되면서 마음 편할 날이 없었다. 어느 날 지휘관 참모 회의를 마치고 나오시는 단장님의 얼굴이 굳어 있는 것을 보고 내심 긴장하게 되었다. 잠시 후 비서실장을 겸한 행정실장이 내게 귀띔해 주었다. "오늘 회의에서 호통을 치시면서 '우리가 아이큐 30밖에 안 된다'고 했다"는 것이다. 그게 무슨 말이냐고 물었더니 "우리 지휘관 참모들은 열 가지를 시키면 세 가지

밖에 제대로 하는 것이 없다고 하시니 아이큐 30밖에 더 되냐?"면서 날더러 분위기 쇄신에 앞장서 달라고 주문했다.

 잠시 기도를 한 다음, 단장실 문을 두드렸다. "무슨 일이냐?"하시기에 오늘 회의에서 이런 말씀을 하셨느냐고 물었다. 그랬더니 "자네가 봐도 그렇지 않아?"하시는 것이었다. 나도 그 말씀은 옳다고 맞장구를 쳤다. 그러면서 "춘추전국시대에도 보면 명 지휘관 밑에 명 부하가 있었던 것이 사실입니다. 하지만 명 부하를 만드는 것은 지휘관의 책임이 아니겠습니까?"라며 당돌한 질문을 던졌다. 그러자 단장님은 빙긋이 웃으시면서 "그럼 어떻게 하면 좋을까?"하시는 것이었다. "괜찮으시다면 1~2주 내로 지휘관 참모 화합 체육대회라도 여시면 어떨까요?"라는 제안을 했다. 내 제안에 따라 체육대회가 열렸고 냉랭했던 분위기는 금세 반전되었다. 그리고 회식으로 마련한 자리는 분위기를 더욱 고조시켰다.

 하지만 엉뚱한 데서 고민이 생겼다. "새로운 부관이 와서 이렇게 되었다"며 모두 술잔을 내게 권하는 바람에 잠시 당황했다. 이내 정신을 차리고 상 아래에 큰 대접 하나를 준비해 놓고 돌리는 술잔을 모두 받았다. 술친구는 역시 술을 같이 마셔야 친구가 되는 법, 모두 취기가 도는 가운데 이날만큼은 술에 있어서 나를 이길 장사가 없었다.

 너무 많은 잔을 받은 걸까. 찰랑찰랑하던 대접에 한 잔을 더 붓자 바닥에 넘치면서 아래가 축축해지기 시작했다. 아뿔싸, 그제야 눈치를 챈 단장님께서 "우리 부관은 목사님이 될 분이야. 이후로는 절대 술을 권하면 안 돼" 하시는 거였다. 하나님께서 이 일로 인하여 횡성 비행단에서는 소위였던 부관에게 술을 권하는 일은 그날부터 없어졌다.

2년의 부관 임무를 잘 마치고 정훈 특기를 부여받아 대구비행장 정훈장교로 부임했다. 그리고 일 년 남짓 시간이 지났을 때의 일이다. 그때까지만 해도 여전히 초급장교여서 해외 군사유학은 꿈조차 꿀 수 없던 시절이었다. 그런데 이번만큼은 계급, 기수 제한 없이 나에게까지 기회가 주어졌다는 연락을 공군본부로부터 받게 됐다.

천재일우의 기회가 주어졌음에 분명하지만 나는 전혀 준비가 되어 있지 않은 상태로 시험을 치를 수밖에 없었다. 그래도 시험을 치르게 되면 누구나 결과를 기다리며 궁금해 하는 것은 동일한 마음이리라. 내심 발표에 대한 기대를 걸고 있었던지 한 편의 드라마와 같은 너무나 생생한 꿈을 꾸게 되었다. 꿈속에서 갑작스런 일로 공군본부 정훈감실을 방문하게 되었는데, 문을 열고 들어가자마자 모든 분들이 내게 박수를 치면서 축하한다고 말하는 모습이 너무나 선명했다.

대구에서 서울로 갈 일이 전혀 없는 상황이었지만 기분 좋은 꿈을 꾼 것 때문에 즐거운 마음으로 출근을 했다. 그런데 아침 회의를 다녀오신 정훈관실장께서 나를 부르시며 내일 공군본부를 다녀와야겠다는 것이다. 군용 트럭을 타고 서울에 올라가서 연말 위문품을 수령해 와야 하는데 서울에 집이 있으니 오늘 올라가서 하룻밤 자고 내일 갖고 오라고 했다.

 어제의 꿈이 이루어지기라도 한 듯 기분이 야릇했다. 다음날 오전 이른 시간에 공군본부 정훈감실로 들어서는 나의 얼굴은 기쁨으로 충만해 있었다. 왜냐하면 이틀 전에 보여주신 꿈이 있었기 때문이다.

 문을 열고 들어가면 큰 환영이 있을 줄 알았는데 전혀 그런 분위기가 아니었다. 멀리서 왜 왔는지 의아하다는 듯 모두 별 관심이 없어 보였다. 꿈꾼 대로 되어지는 것을 보고 싶었는데 그렇지 않은 현실 때문에 잠시 당황했다. 정훈분야 최고 책임자인 정훈감님께 들어가 인사를 드리라고 해서 정훈감실 문을 두드렸다.

 정훈감께서는 멀리서 왔다고 반갑게 맞아주셨다. 그리고 하시는 말씀이 "이번에 시험을 잘 치른 모양이야. 그런데 선배 기수가 많이 있어서 결정을 못하고 있다는데 그것도 잘 해결될 거야"라며 칭찬을 아끼지 않으셨다. 그 방에서 나와 들뜬 마음으로 위문품을 수령할 문화홍보과로 갔다. 비록 시차는 있었지만 정말 꿈꾼 대로 박수를 치면서 축하한다며 반갑게 맞아주는 것이었다.

군사 유학

우여곡절 끝에 군사유학 예비과정에 들어가 영어를 배우고 미국 입국 절차에 따른 영어시험(American Language Course)까지 통과했다. 그리고 1986년 3월 9일, 미국 인디애나폴리스에 있는 포트 해리슨 기지의 종합군사행정학교로 군사유학을 가기 위해 김포공항에서 뉴욕행 대한항공편에 탑승했다. 위관 시절에 해외를 견학하는 것도 어려운 일인데 하나님께서 허락하신 엄청난 축복이었다.

미국 도착 후 시차 적응이 끝난 다음 강의실에서 자기소개를 한다는 정보에 따라 영문 소개서도 정리하여 나름대로 미국 생활에 필요한 것을 꼼꼼히 챙겼다. 그런데 미국에 도착하여 숙소를 배정받자마자 강의실로 오라는 통보를 받았다.

무슨 일인가 싶어 갔더니 한 사람씩 앞으로 나가 발표를 하는 것 같은 분위기를 감지했다. 이런 줄도 모르고 영문 소개서를 짐꾸러미 속에 둔 채 왔기에 마음이 편치 않았다. 첫날의 이미지가 전체 과정을 좌우할 텐데 다른 사람의 소개는 들을 겨를도 없었다. 빠른 속도로 학생들이 들락거리는 가운데 내 가슴은 점점 더 두근거리기만 했다.

미국 학생 40명에 해외 학생 5명, 전체 45명의 학생 중 나는 43번이었다.

40번 학생이 나갈 때까지만 해도 그저 기도할 뿐이었는데 "미국 사람들은 하나님 얘기만 해도 다 알아들을 수 있어"하시는 성령님의 감동과 함께 아이디어가 번쩍 떠오르는 것이었다. 드디어 내 차례가 되었다. 내 이름을 말하고 한국에서 온 장 중위라고 했다.

그러면서 "나는 영어를 잘 못하는데 기도 중에 하나님께서 이런 말씀을 하시는 거였습니다. 장 중위 조금도 염려하지 마라. 첫째, 강의시간 동안 너의 학급 반원들이 도와줄 것이다." 아무도 내 말에 관심을 갖지 않았고 별 반응이 없었다. 그래도 말을 이어 갔다. "장 중위 너무 염려하지 마라. 만약 급우들이 도와주지 않는다면 너의 교수가 도와줄 것이다."

그러자 몇 사람이 우~! 하면서 반응을 보이기 시작했다. 그래서 소리를 더 높여 "장 중위 너무 염려하지 마라. 만약 너의 교수도 도와주지 않는다면 내가 도와주마!"이 말을 하는 순간 모든 반원들은 자리에서 일어나 박수를 치면서 환호하는 것이었다. 그리고 구릿빛 얼굴의 건장한 해병대 소령 한 사람이 앞으로 걸어오더니 "너의 영어는 참으로 멋있었다. 이 기간 동안 내가 너의 아카데믹 스폰서가 되어주고자 한다"고 말하는 것이다.

하나님께서는 준비된 자를 쓰시기도 하지만 준비가 안 된 자의 기도를 들으시고 영광을 받으시는 분임을 깨달았다. 전체 45명 중에서 그래도 아프리카 라이베리아에서 온 보너 대위가 내게는 만만했다. 아마 내가 약간 덜 검다는 자부심이 작동해서 그랬는지도 모르겠다. 그래서 우리는 빨리 친해

질 수 있었다. 한번은 내가 "우리 아버지 부자야" 했더니 정말 그러냐면서 "무엇 하시는 분인데? 은행장이셔?"라고 묻는 것이었다. 나는 'Yes'와 'No'로 대답하지 않고 "으흥"이라고만 했다.

그러자 또 묻는 것이다. "회사 사장님이야?" 이번에도 나의 대답은 동일했다. 다음날, 이 녀석은 강의실에서 만나는 사람들마다 "장 중위 아버지 부자래!" 하면서 떠들어 댔다. 사실 난 육신의 아버지가 아닌 하늘 아버지를 지칭했다. 하지만 그것과 상관없이 나를 부자로 여겨주는 것이 그렇게 싫지는 않았다.

얼마 후 캡틴 보너가 내게 50달러를 빌려 달라고 했다. 아버지가 부자라고 해놓고 50달러도 빌려주지 못한다면 어떻게 생각할까를 잠시 고민하다가 50달러를 그에게 내밀었다. 고맙다고 말하면서 다음에 꼭 갚겠다며 감사를 표했다. 그런데 며칠이 지난 후부터 사흘째 보너가 강의실에 나타나지 않는 것이었다. 이상하다 싶어 금요일 강의가 끝나자마자 그의 숙소를 찾아갔다.

그는 하얀 시트로 덮인 침대 위에서 일어나지 못하고 땀을 뻘뻘 흘리며 끙끙 앓고 있었다. "캡틴 보너, 왜 그래?" 했더니 열병이 심하다고 말했다. "너 크리스천이야?" 하니까 그렇다고 했다. "그럼 기도했어?" 했더니 기도도 했다는 것이다. "그런데 왜 이래?" 하면서 내가 기도해 줄 테니 침대에서 내려오라고 했다.

그리고 내가 영어를 잘 못하니까 한국말로 기도하다가 끝날 때쯤 영어로 마무리하겠다고 하면서 머리에 손을 얹고 기도하기 시작했다. 한 30분쯤 힘을 다해 기도를 하자 둘 다 땀으로 범벅이 되었다. "예수님의 이름으로 기도합니다"하고 눈을 떴을 때 그는 내게 이렇게 말하는 것이었다. "다음은 뭘 하지?" 이건 내가 듣고 싶은 말이 아니었다. '야, 나 깨끗해졌어.' 또는 '고마워.' 이런 답이 나올 줄 알았는데 너무나 예상 밖의 반응이었다. 나는 힘이 빠져서 "자, 다시 침대에 누워 자라" 하고서 그 방을 뛰쳐나왔다. 너무 힘든 탓에 내 방에 오자마자 몸을 침대에 던져 딜렁 누웠다.

그런데 그 순간 전화벨이 울리는 것이었다. 나는 귀찮다는 듯 "왜 그래?" 했더니 보너의 목소리는 흥분되어 있었다. "장 중위 이건 기적이야. 내 열병이 사라졌어!" 하는 것이었다. 나는 너무 기뻐서 "보너, 빨리 내 방으로 와!"라고 말했다.

그때 성령님께 불평을 쏟아내듯 중얼거렸다. "성령님, 왜 그의 방에서 이렇게 하셨으면 더 좋지 않았을까요?" 그러자 성령님께서는 내 마음속을 꿰뚫고 보시면서 이렇게 말씀하셨다.

"그랬다면 넌 내가 했다고 말하지 않고 네가 했다고 자랑했겠지. 네가 하나님께 영광을 돌리게 하기 위해서 이렇게 했단다."

보너로 인하여 난 보너스를 많이 받았다. 그날 이후로 나를 '미러클 맨',

기적의 사나이라고 부르면서 만나는 사람에게 자기의 경험을 이야기하고 다녔다. 난 그러지 말라고 했다. 왜냐하면 내가 한 것이 아니라 성령님이 하신 일임을 너무나 잘 알기 때문이다.

캡틴 보너는 빌려간 50달러를 아직 갚지 않고 있다. 현재 내 동기생이 공군참모총장이 되었으니까 그도 아마 라이베리아에서 장성이 되었거나 더 높은 직책에 있을지도 모른다. 50달러에 대한 미련이 없는 것은 아니지만 그를 통해 일하신 하나님의 역사하심이 더욱 크기에 그저 감사할 따름이다.

설상가상

어느새 계급이 높아져 경기도 평택에 있는 항로보안단의 정훈참모로 근무할 때의 일이다. 새로운 단장이 취임하면서 축하 자리가 마련되었다. 군대 회식에서 술이 빠질 리 없었다. 더구나 이 날은 지휘관이 부를 때 한 사람씩 나가서 시쳇말로 폭탄주를 받아야만 했다. 이럴 때면 아하수에로가 열었던 그 긴 기간의 연회로 얼마나 많은 사람들이 고통을 받았을까 하는 생각이 문득 들었다. 모두 그 잔을 받고서 이제 남은 사람은 둘, 작전부장 대령 한 분과 정훈참모 소령인 나밖에 없었다.

그런데 새로 부임한 단장은 "이제 마지막 한 사람 남았다"며 우리를 시험하는 것이었다. 사실 작전부장은 집사님으로서 알코올기가 있는 것을 마시면 즉시 앰뷸런스로 이송한 경험이 있는 소문난 분이었다. 그렇다면 난 군종목사는 아니더라도 이미 안수를 받은 목사가 아닌가. 이럴 땐 어떻게 해야 하나. 잠시 침묵이 흘렀고 긴장감이 돌았다. 그때 김 집사님이 자리에서 벌떡 일어서는 게 아닌가. 자기가 쓰러지는 한이 있더라도 주의 종이 희생되는 것은 막아야겠다는 순교 정신이 발휘된 순간이었다.

이 일을 계기로 회식 자리는 가시방석과 같았다. 한 번은 부단장이 나와 얘기 좀 나누자며 자리를 마련했다. 그러면서 자기가 위관 시절 팔공산 관제부대에서 근무할 때 군종목사님과 술잔을 나눈 적이 있다는 얘길 불쑥 꺼내는 것이었다. 그분은 당근과 채찍으로 나를 코너에 모는 듯했다.

그러나 예수님께서는 관원 앞에 가더라도 무엇을 말할까 염려하지 말라고 하셨다. 난 여유 있게 말했다. "아, 그 군종목사님은 아마도 하늘의 계시를 받으셨나 봅니다. 그런데 저는 아직 그 계시를 받지 못해서 술을 마시지 못하고 있을 뿐입니다." 그러자 부단장은 어이가 없다는 듯 "목사님과는 말로 못 이기겠네" 하는 것이었다.

군에 있을 때 술과 관련한 에피소드는 경기도 오산에서 멋지게 피날레를 장식했다. 육군방공포병사령부가 공군으로 전군되면서 전군 인수참모로 정훈 분야에서는 내가 뽑혔다. 그렇게 결정하게 된 사유로는 육군의 사상과 전통이 남아 있는 부대에 모두 가기를 꺼렸던 모양이다. 그래서 전역을 3년 앞둔 데다 목사이기도 하기에 최대한 배려해 줄 것으로 생각해서 나를 보내기로 했다는 것이다. 난 희생을 감수하고 마지막 연단의 코스로 알고 요청에 응하기로 했다.

역시 한 지붕 세 가족처럼 육군과 해군과 공군의 분위기는 확연히 다른 면이 있다. 공군은 최대한 상대방을 배려하는 편인데 육군은 명령에 절대복종하는 분위기였다. 게다가 사령관의 카리스마는 대단했다. 육군사관학교를 졸업하신 분이 장성으로서 공군으로 전환과 함께 공군 제복을 입게 되었으니 상심이 컸을 것은 뻔했다.

1991년 7월 1일, 역사적인 전군행사를 잘 마치고 축하 파티가 열렸다. 역시 여기서도 술잔을 돌리는 문화는 같았다. 나를 제외한 모든 지휘관 참모들이 술을 받았을 때 사령관은 "이제 모두가 잔을 받았다"는 멘트를 했다. 그런데 그 순간 약삭빠른 인사참모가 "아닙니다. 아직 한 사람 남았습니다." 하면서 고자질을 하는 것이었다.

그때 사령관은 자기도 알고 있다면서 "우리 정훈참모 장 목사님께서는 물을 한 잔 들고 우리 부대의 안전과 평강을 위해 건배해 주시면 감사하겠소"라고 말했다. "감사합니다. 물을 들고 건배하기는 처음 있는 일이지만 기도하는 마음으로 건배를 하겠습니다" 하니까 모든 사람들이 자리에서 일어나 박수를 치며 파티의 분위기를 고조시켰다.

버스 운전 면허증

사관생도 시절에 취득한 2종 보통 면허로는 자가용 승용차만 운전할 뿐 제한이 많았다. 교회에서는 주로 12인승 승합차나 중·대형 버스를 많이 운행하는 편이다. 그래서 나는 전역 후를 대비하여 버스 운전 면허증을 취득하기로 결심하고 야간운전학원을 찾아갔다. 부대와 가까운 곳에 있는 학원을 향하여 퇴근과 동시에 군복을 입은 채 가서 수강등록을 했다. 담당자에게 가장 빠른 시험 일자에 응시할 수 있도록 조치해 달라고 요청한 다음 운전강사를 배정받고 실습에 들어갔다.

그런데 강사가 대뜸 하는 말이 "소령님께서 왜 버스 운전을 하시려고 그래요"라고 물었다. 말 하는 투나 머리 모양으로 봐서 분명 방위병 같은데 아직 물증이 없어 싱긋이 웃으며 강사 체면을 세워줬다. "하도 힘든 세상이니 다음에 관광버스나 할까 해서요." 그러자 "그렇죠. 참 어렵긴 어려운가 봐요. 소령님이 버스 운전을 하시려는 것을 보면요."

어이가 없었지만 내가 천국행 관광버스를 운전하겠다는 깊은 뜻을 피라미 같은 강사가 알 리 있을까. 최단기간에 면허증 취득을 하겠다는 목표로 연습에 들어갔다. 작은 승합차만 운전하다가 버스에 오르니 차선에 꽉 찬 느낌이 들었다. 게다가 강사의 핀잔까지 들어야 하니 여간 성가신 것이 아니었다. 그래도 처음으로 버스 운전을 했다는 뿌듯함을 안고 늦게야 집에 들어갔다. 다음날 부대 외곽을 순회하는데 인사를 하는 초병을 보니 눈에 익었다. 내 짐작이 맞았다. 어제 나의 심기를 건드렸던 바로 그 운전강사였던 것이다. 하지만 난 모른 척하고 지나갔다. 그래야 야간에 운전학원에서 만나더라도 무안하지 않을 테니까.

일주일 후 하루 휴가를 받아 경기도 용인 신갈운전면허 시험장에 가서 순서를 기다렸다. 접수된 순번에 따라 내 차례가 되어 버스에 올라 운전대를 잡았다. 출발은 좋았다. 길게 쉼 호흡을 하고 1차 관문인 S코스를 따라 매끄럽게 진행되어 갔다. 그런데 S의 끝자락에 가서 다 나간 줄 알고 긴장을 풀었던 것이 화근이었다. 조금이라도 빨리 그리고 세차게 나가려고 가속 페달을 밟는 순간 경고음이 울리는 것이었다. S의 끝부분을 뒷바퀴가 살짝 건드린 모양이다. 너무나 아쉬운 순간이었지만 미련을 버리고 다음 시험을 대비하기 위해 시험장에서 몇 가지 사항을 확인했다.

하지만 다음 시험 날짜는 두 달 후에나 가능하다는 말이 자꾸 마음에 걸렸다. 학원 담당자에게 더 빨리 응시할 수 있는 방법이 없느냐고 물었더니 당시만 해도 군인은 타 지역 시험장에서 신청이 가능하므로 한 달 후에 다른 시험장을 이용할 수 있다고 했다. 한 달이나 시간을 단축시켰으니 그나마 다행이라 여겼다.

한 달 후 서울 강서운전면허시험장을 찾아가 시험을 치렀지만 내 뜻대로 되지 않았다. 이번에는 두 번째 코스에서 시간 초과로 보기 좋게 떨어지고 말았다. 내 인생에 한 번 떨어진 것도 버스 시험이 처음이라 속상했는데 두 번이나 연속 탈락의 고배를 마시니 마음이 편치 않았다.

다시 한 달 후 신갈로 가는 수밖에 없었다. 그제야 나는 운전 실력은 거기서 거긴데 기도하는 수밖에 없다는 생각을 하게 되었다. 소령 계급장을 달고서도 버스 운전면허증을 취득했다는 것을 자랑하고 싶었던 꿈은 이미 깨진 지 오래다. 내 마음은 절박했다. "하나님, 이제 세 번째입니다. 사실 제게 무슨 버스운전면허증이 필요합니까. 이번이 마지막 기회로 알고 모든 것을 하나님께 맡기겠습니다" 하면서 협박에 가까운 기도를 하고 신갈 운전면허시험장을 다시 찾았다.

이번에는 묘한 일이 연속해서 벌어졌다. 두 번째 코스까지 무사히 통과한 다음 마지막 T코스에서 문제가 생겼다. 뭔가 꼬이는 느낌이 들었다. 그런데 고민을 거듭하고 있는 내 귓전에 갑자기 다급한 목소리의 안내방송이 들리는 것이었다. "장덕봉 응시자, 장덕봉 응시자, 스톱, 스톱하세요!" T코스를 담당하고 있던 시험 감독관은 시간이 초과되는 것이 염려되었든지 빨리 차를 빼서 나오라며 손짓으로 재촉했다. 그래서 감독관에게 "방금 방송에 내 이름을 부르면서 멈추라고 했는데요" 했더니 "빨리 나오라니까. 아, 이제 끝났어요. 내려오세요."라며 퉁명스러운 반응을 보였다.

버스에서 내려온 나는 곧바로 방송실을 향해 달려갔다. "혹시 조금 전에 제 이름을 부르면서 운전을 중단하라고 말하지 않았나요." 그러자 "네, 맞아요. S코스에서 오는 차와 T코스에서 나오는 차가 부딪힐 것 같아 장덕봉 응시자의 차를 멈추게 한 거예요." 나는 그 말을 듣자마자 "그럼 저는 어떻게 되는 거죠?" "통과됐어요." 나는 "할렐루야!"를 외치며 하나님께 감사의 기도를 드렸다. 이것은 사람의 수가 아닌 한 편의 드라마와 같은 하나님의 묘수였다.

 주행시험에서도 시간 단축을 하겠다는 욕심 때문에 너무 빨리 달리면서 문제가 생겼다. 그 바람에 내리막길 코너에 차량 이탈 방지를 위해 설치된 타이어 벽을 세 번이나 부딪치는 사고가 났다. 그러나 그 순간부터 오히려 안정감을 되찾았다. '시간 초과의 상황은 면했으니 지금부터라도 착실히 점수를 얻자'는 생각으로 차분하게 운전하여 종점에 들어왔다.

 십중팔구는 빨간불이 들어와서 탄식의 소리가 지배했는데 그 날 처음으로 초록색 불이 비치면서 "와!" 하는 주변의 함성이 들렸다. 버스에서 내리자고시에 합격이라도 한 것처럼 주행 대기자들로부터 축하의 박수를 받았다. 생각만 해도 아찔했던 상황과 추억을 간직한 채 작은 것 하나라도 하나님의 간섭이 없이는 이룰 수 없다는 것을 깨닫고 주님께 영광을 돌렸다.

헬리콥터 탑승의 소망

　공군 소위로 임관하여 한 달 만에 비행단장 부관으로 차출된 후 얼마 안 되어 큰 손님을 맞게 되었다. 공군참모총장께서 부대를 방문하게 된 것이다. 헬기를 타고 오신 총장님을 영접하기 위해 모시던 단장님과 함께 헬기장으로 나가 기다리고 있었다.

　헬기가 착륙했다. 총장님과 단장님 두 분이 우리 차에 타면서 참모총장 부관이 내가 앉는 앞자리를 차지했다. 출발하는 차를 물끄러미 쳐다보다가 잠시 착륙한 헬기에 올라타 보았다. 날아가는 헬기는 아니었지만 그것으로 만족했다. 그러면서 나도 헬기를 탈 수 있는 기회가 있으면 좋겠다는 생각을 하며 정신을 차리고 사무실로 돌아왔다.

　그로부터 8년이 지나 육군방공포병부대가 공군으로 전환이 이루어졌을 때 생각지 못한 일이 일어났다. 그때 공군본부의 요청에 따라 정훈분야 전군 인수참모로 가게 되면서 헬기를 타고 싶다던 것이 현실로 이루어졌다. 당시 방공포병사령관께서 전국의 산과 도심지에 흩어져 있는 예하부대 교육을 떠나게 되었는데, 자기와 함께 가서 간부교육과 병사교육을 나누어 하자는 것이다. 이동 수단은 기상상태에 따라 헬기와 승용차를 병행하였다.

　한번은 강원도 황병산에 있는 포대에 갈 때의 일이다. 맑았던 날씨가 갑자기 흐려지면서 천둥 번개가 치더니 착륙지점이 보이지 않을 정도로 억수같은 비가 쏟아졌다. 조종사가 앞이 보이지 않는다며 당황한 표정을 지었고, 사령관의 얼굴에서도 긴장된 모습이 엿보였다. 내가 할 수 있는 것은 하나님께 기도하는 것뿐이었다. "하나님, 이 종으로 인하여 헬기에 탑승한 모든 요원들이 안전함을 얻게 하여 주옵소서."

하나님께서는 비상상황에서 드리는 절박한 기도를 들어주셨다. "사령관님, 착류 지점에서 피어오르는 유도 연막이 보입니다." 정말 육안으로도 볼 수 있을 정도로 착륙 지점에 햇빛이 비치면서 안전하게 착륙하게 되었다. 천주교 신자였던 사령관께서는 이럴 땐 나를 목사님이라고 불러주셨다. "목사님 기도의 힘이 컸습니다."라고 말하면서 기뻐했다.

이런 순회 교육이 몇 차례 진행되고 있을 때 경기도 김포에 있는 포대를 방문하면서 사고가 터졌다. 사령관의 강의 시간에 위관 장교 한 사람이 녹음을 하여 진보진영 언론사에 제공한 일이 발생했다. 이 일로 화들짝 놀란 공군본부의 참모들과 함께 급박하게 돌아가는 상황에 대처해야만 했다. 사령관의 강의 속에 "여러분은 나와 궤를 같이 하여"라는 내용 때문에 문제가 됐다. 그 당시 대통령 선거를 앞둔 시점이었던 관계로 강의 의도와는 상관없이 그 부분만 강조할 경우 충분히 오해를 불러일으킬 수도 있었다.

국방부 지시로 다음날 기자회견까지 계획되었기에 취재진들 앞에서 발표하게 될 기자회견문을 정리하느라 밤을 꼬박 새우고 말았다. 아침에 사령관을 만나 준비된 회견문을 전달하며 잘 다녀오시라고 인사를 했더니 "무슨 소리야, 같이 가야지."하는 것이다. 사령관의 뜻에 따라 계획에도 없던 수행을 위해 또 헬기에 올랐다.

오산을 출발한 헬기는 20분 만에 서울 용산 미8군 헬기장에 도착하는 짧은 탑승 구간이었다. 도착하기 전까지 굳은 표정으로 눈을 지그시 감은 사령관께 성경말씀 한 구절을 전했다.

"성경에는 다니엘의 세 친구 사드락, 메삭, 아벳느고의 이야기가 나옵니다. 왕의 금신상에 절하지 않았다고 그들을 용광로에 넣었지만 하나님께서 지켜주셨다는 내용입니다. 오늘 사령관님도 하나님이 지켜주실 것을 믿고 기도하겠습니다." 그러자 이 분이 눈을 번쩍 뜨면서 다시 한 번 얘기해 달라고 했다. 하나님을 의지하고픈 간절함을 엿볼 수 있었다.

국방부 기자실에 도착하면서 묘한 기운이 감돌고 있는 것을 느꼈다. 오늘 기자회견은 취소될 수도 있다는 믿기지 않는 소식이 들려왔다. 정말 그 일은 기적처럼 일어났다.

이날 계획에도 없던 갑작스런 일로써 당시 대통령 후보에 출마한 국민의당 대표인 정주영 회장이 국방부장관을 방문하게 된 것이다. 이 일로 빅 이슈 감을 선호하는 기자들이 한 사람도 빠짐없이 모두 장관실로 가버리고 말았다. 기자실은 기자들이 떠나면서 순식간에 바다 물거품처럼 온데간데없이 사라진 탓에 인기척조차 들리지 않았다.

 하나님은 우리의 모든 일에 전적으로 간섭하신다. 급한 일일수록 하나님의 뜻을 구해야 한다. 그러면 하나님께서는 그분의 뜻에 합당한 비전을 세울 수 있는 날개를 달아주신다.

북해도 여행

인간의 계획 하나님의 역사

갈비 일곱 대가 없는 목회자

일본 선교의 첫발을 내디딘 북해도

은사 목사님을 모신 부흥성회

1994년 개관한 '홀사모 수양관'

보스턴으로부터 받은 위로

아주 특별한 만남

동병상련의 홀사모들

CTS '내가 매일 기쁘게' 방송 감동

발레리나의 꿈

만남의 축복

청각을 상실한 발레리나

삼손과 데릴라의 주연 배정

3부
만남의 축복과 감동

이에스더 원장

북해도 여행

2018년 5월 11일, 서울 여의도 국민일보 11층 국제회의장에서 제7회 미션어워드 시상식이 있었다. 20여년 방송설교와 저술·출판, 홀사모 후원에 혼신의 힘을 쏟았다는 공로로 수상자 명단에 내 이름이 올랐다. 하나님의 크신 은혜였다. 부상으로 5월 28일부터 30일까지 2박3일간의 북해도 여행이 주어진다고 했다.

이 사실을 알게 된 최성권 선교사가 일본의 많은 곳을 다녀왔지만 아직 북해도는 기회가 없었다며 함께 가자는 것이었다. 그 순간 성령님께서는 감리교단에서 일본 선교 1호로 이성주 목사님을 북해도에 파송했던 사실을 기억나게 하셨다.

그래서 지체할 겨를도 없이 현재 미국 시애틀에 계신 이 목사님께 연락을 취했다. 고국에 나오시는 때에 함께 북해도 여행을 하시면 어떻겠느냐는 제안을 했다. 그랬더니 서둘러 고국 방문 일정을 잡을 테니 서로 일정을 조정해서 함께 가면 좋겠다며 너무나도 기뻐하셨다. 이렇게 해서 국민일보사에서 제공하는 여행은 가지 않겠다고 통보했다. 그리고 4개월이 지난 뒤 10월 14일 오후부터 3박4일간의 일정으로 북해도를 향하는 아시아나항공 편에 탑승하도록 모든 조치가 완료됐다.

우리 세 명은 처음 가보는 곳이라 들뜬 마음이었지만 이 목사님 내외는 50여 년 전에 첫 발을 내디딘 곳으로 감개가 무량했던지 이 날이 오기만 손꼽아 기다리셨다. 하지만 출발 한 달을 앞둔 9월 6일에 북해도에서 발생한 규모 6.7의 강진으로 부푼 꿈은 산산조각이 나고 말았다. 많은 인명피해와 함께 기간시설이 붕괴되어 생활기반의 복구까지 상당한 기간이 필요한 것을 알고 부득이 북해도 관광을 취소해야 했다.

내가 일본에서 이성주 목사님을 처음 만나게 된 것은 1989년 5월, 구마모토 기도원에서 집회를 인도하던 때였다. 그 당시 내게는 큰 시련의 산 때문에 시름하며 애타게 기도하던 상황이었다. 왜냐하면 캐나다 사역 중 부군 추도일에 맞춰 귀국했다가 뜻하지 않게 맏사위를 보게 되면서다. 이를 계기로 해외 선교에서 국내로 회귀하여 대구에서 사역을 시작했으나 3년 만에 큰 어려움을 맞았다.

강하게 타올랐던 성령의 불길 가운데 때가 되니 하나님께서 "지경을 넓히라"는 말씀에 힘입어 한 성도의 소개를 받아 대구 근교 달성군에 있는 산을 보게 되었다. 산으로 둘러싸여 있는데다가 큰 호수가 있어서 마치 한 폭의 수채화 같은 정경이었다. 그곳은 바로 하나님께서 예비하신 곳 같았다.

그러나 산을 매입할 만한 경제적인 여유가 없었던 것이 문제였다. 그럼에도 불구하고 하나님께서 허락하신 줄 믿고 1만6천여㎡(5천여 평)를 매입하기로 결정하여 산 주인을 만나 계약을 하기에 이르렀다. 성도들과 함께 '1

인 1평 기도산 마련 운동'을 펼치면서 열기가 고조되고 있었지만 매입가 1억 5000만 원의 3분의 1에도 미치지 못하는 재정 상태로는 절대 부족했다.

산 소유자에게 계약금으로 일부만 지불하고 중도금과 잔금은 일시에 지급할 테니 날짜를 넉넉하게 달라고 제의했다. 주인은 턱없이 적은 계약금에 중도금, 잔금까지 늦게 주겠다고 하니 딱 잘라 거절했다. 하지만 3개월이면 해결할 수 있다며 계속 졸랐다. 그러자 그는 지금도 돈이 없는데 어떻게 그 큰돈을 90일 만에 장만할 수 있겠느냐면서 회의적인 말만 되풀이했다.

"큰 은행 문만 열리면 그까짓 것 그 이전에도 지급할 수 있을 테니 걱정하지 마세요"라고 자신 있게 말하자 이해할 수 없다는 듯 고개를 갸우뚱하더니 그렇게 해보자며 일단 계약에 응해 주었다.

그날 이후로 나는 오로지 하나님께 기도로 매달렸다. "하나님! 이곳에서 하나님의 지경을 넓히게 해주옵소서"하며 산 기도를 시작했다. 장정도 무서워할 산중에서의 기도를 위해 하루도 빠지지 않고 밤 12시에 산에 올라갔다. 그리고는 하나님께 부르짖고 또 부르짖었다. 새벽 미동이 틀 때까지 무릎 꿇고 엎드려 기도를 드렸다.

인간의 계획 하나님의 역사

 그러던 어느 날 일본의 구마모토 기도원에서 예기치 않게 집회를 인도해 달라는 초청이 왔다. 순간 '저 산을 하나님께서 매입하게 하시는 뜻이 있는지도 모른다'는 생각이 떠올랐다. 임박한 일정이었지만 국방부에서 동아시아 지역 국제기독장교대회를 준비하고 있던 사위에게 금식기도제단 집회 인도를 맡기고, 일본어에 능하신 부모님과 함께 일본으로 건너갔다.

 일본 최초의 기도원이라는 명성에 걸맞게 동남아의 다양한 나라에서 신자들이 모여들었다. 3일 동안의 국제집회는 하루 네 차례씩 쉴 새 없이 연속되었으며, 힘든 만큼 성령의 역사가 강하게 임했다. 통역을 통해 전해지는 메시지였지만 모두 아멘으로 답했고, 통회와 자복 속에 집회는 은사 충만, 성령 충만, 감사 충만으로 무르익었다.

 나는 기도산의 잔금을 치러야 하는 강박관념 속에 집회가 끝난 후 더욱 기대감에 부풀어 기도에 열중했다. 집회는 은혜 가운데 끝났고 내게는 빨리 돌아가서 잔금을 치르는 일만 남았다. 그러나 정작 이번 집회에서 기도산 마련에 큰 보탬이 될 것으로 기대한 내게 돌아온 것은 실망뿐이었다. 사실 집회 주최 측으로서는 왕복 항공권과 충분한 사례만 제공해도 대단한 배려였다. 하지만 너무나 큰 기대를 걸고 있던 나로서는 앞이 캄캄하기만 했다.

"하나님 어떡해요. 어떡해요."하며 발만 동동 구르다가 그만 울음을 터뜨리고 말았다. 수심에 가득한 처량한 나의 모습을 보신 부모님께서는 "이 목사, 그래도 하나님께 감사하자."라고 하시며 위로했지만 마음을 진정시키기가 어려웠다.

그렇게 침통한 가운데 한 분의 방문객이 찾아왔다. 그분은 후쿠오카 한인교회를 담임하시는 이성주 목사님으로서 이번 집회에서 큰 은혜를 받았다며 섬기는 교회에서 하루만 집회를 인도해 줄 것을 요청했다. 실망이 너무 컸던지라 쉽게 대답이 나오지 않았다.

그러나 '지금 일본 땅에 왜 왔는가? 혹시 여기에 하나님의 뜻이 있지 않을까?' 라는 생각이 들어서 초청에 응하기로 했다. 후쿠오카 교회 목사님께서는 성도들에게 알리고 준비도 해야 했으므로 먼저 가셨고, 교회에서 보내준 승용차를 타고 우리 일행은 계획에 없던 후쿠오카 집회 장소로 향했다.

참으로 아름다운 교회였다. 낯선 교회였지만 은혜 받은 목사님께서 초청해 주신 집회였기에 왠지 기분이 상쾌했다. 예정된 집회시간이 되어 나는 강단에 올라갔다. 이 집회야말로 성령의 인도하심이 분명했다.

성령님은 내 입술을 통하여 폭포수같이 말씀을 전하셨다. 헌금 시간이 되자 담임 목사님께서 생각지 않은 부연 설명을 곁들여 주시는 것이었다. "오늘 말씀을 전해주신 이에스더 목사님께서는 지금 한국에서 산을 구입하는 중에 계십니다."하면서 지금까지 금식기도제단을 통해서 했던 일을 자세히 설명하셨다.

그러고 나서 "여러분, 오늘 이 예배시간에 드려진 예물은 오직 이에스더 목사님께서 하시고자 하는 하나님의 일을 위해 귀하게 쓰일 수 있도록 정성을 다하여 드리십시다. 하나님은 오늘 이때에 우리가 하지 않으면 다른 사람의 손으로 하십니다"라며 특별한 당부의 말씀까지 해주셨다.

너무나 갑작스런 상황에서 이루어진 일인데도 성도들은 기쁜 마음으로 헌금에 동참했다. 담임 목사님께서는 헌금을 계수하게 하신 후 다시 부언의 말씀을 하셨다. "지금 드려진 예물로는 이에스더 목사님께서 매입하려고 하는 땅값으로는 절대 부족합니다. 그렇다면 나머지는 S장로님께서 책임지시면 어떨까요?" 그 순간 나는 잠시 긴장했다. 뜻밖의 일이었기에 만약 못하겠다고 말한다면 내 체면은 무엇이 되겠는가. 그러나 그것은 나의 좁은 생각에 지나지 않았다. 놀랍게도 그 장로님은 "아멘"으로 화답했다.

할렐루야!
나는 쥐구멍이라도 있으면 들어갈 것 같은 마음으로 "하나님! 너무 죄송해요. 죄송해요"하면서 기쁨과 감사를 어찌해야 좋을지 몰랐다. 누가 보지 않는 곳에 가서 춤이라도 덩실덩실 추고 싶은 심정이었다.

내 평생에 어느 날이 이렇게 기쁠 수 있을까. 하나님의 역사는 정말로 인간의 계산과는 거리가 멀었다. 사람이 아무리 좋은 계획을 세울지라도 그 걸음을 인도하시는 이는 하나님이심을 실감한 순간이었다.

 정작 초청을 받았던 기도원에서는 별로 반응이 없었는데 뜻하지 않게 후쿠오카 교회를 통해서 응답해 주신 것이다. 그때부터 나는 후쿠오카 교회와 인연이 되었고 후쿠오카 한인교회의 선교목사로 임명되어 부족하나마 8년간을 섬기게 되었다.

갈비 일곱 대가 없는 목회자

 8년 동안 선교목사 사역을 하면서 담임 목사님의 삶과 목회 철학 그리고 일본에서 경험했던 풍성한 이야기는 내게 큰 유익이 되었다. 감리교신학교에 입학하면서 그는 결혼조건으로 성격을 제일 먼저 생각했다고 한다. 신학교 입학자 명단이 발표되었을 때 '강성옥'이라는 이름이 눈에 확 들어왔다는 것이다. 그 학생에 대한 어떤 정보도 없었지만 그저 이름이 마음에 들어 좋았다고 하니 얼마나 순수한 청년 신학생이었는지 잘 알 수 있다.

 얼마가 지나서 교내에서 그녀를 본 첫인상은 건강미가 넘치는 귀여운 모습이었다. 4년을 함께 공부하면서 전교 수석을 차지할 정도로 성적이 우수했고, 채플 때 신학교성가대원으로 활동하는 그 여학생의 성격은 명랑해 보였다. 히브리어 과목을 함께 수강할 때는 노트도 빌려보았는데 활달하고 확 트인 글씨에서 시원한 느낌을 받았다고 한다.

 청년 이성주는 다섯 살 아래 동생 하나밖에 없는 것이 늘 불만이었다. 그래서 형제가 많은 집이 부러웠고 많은 형제가 있는 집으로 장가를 들고 싶어 했다. 나중에 알게 된 일이지만 이 여학생의 집도 남매 둘만 있는 가정이었다. 신학교 내에서 이 여학생은 선후배와 동료 모두에게 사랑받는 모습을 보면서 자꾸 마음이 끌렸다. 그러나 결혼이라는 것은 자기 혼자 좋다고 되는 것이 아니다. 상대가 어떻게 평가하느냐가 더 중요한 사안이기 때문이다.

그런 점에서 자기는 낙제 인생임을 숨기지 않았다. 인생에 있어 건강이 제일 중요한 자산 중 하나인데 그는 폐병으로 언제 치유되어 사회로 복귀할 수 있을지 모르는 형편이었다. 게다가 부모에게 물려받은 재산도 없고 홀어머니의 자식으로서 장자인 그는 옛날부터 결혼상대로는 기피 1호라는 생각을 스스로 하던 터였다.

그는 세브란스병원에서 폐성형외과 수술을 받을 때 "죽으면 죽으리라"는 각오로 수술대에 올랐다. 주치의 말로는 잘되면 수술 후 6개월이면 사회복귀가 가능할 수 있다는 것이었다. 그런데 지금은 사모로 내조하는 강성옥이 수술과정을 지켜 본 결과로는 왼쪽 등 늑골(갈비뼈) 7대를 절제했는데 시쳇말로 짐승을 해부하는 모습이었다고 한다.

1959년 5월에 수술을 받고 6개월간 요양원에서 회복 기간을 가진 다음, 그는 10월에 먼저 신학교를 졸업한 강성옥과 결혼식을 올렸다. 그리고 1960년 2월에 신학교를 졸업하고 사회에 복귀하여 오늘에 이르기까지 60년 동안 건강하게 여생을 보내고 있으니 얼마나 큰 축복인가. 이 목사님은 "미국 플로리다의 감리교회에서 저의 수술과 입원비를 지원해주셨는데 남은 돈으로 결혼식 비용까지 쓰게 해 주셨어요"하면서 그 고마움을 잊지 못한다.

그는 다윗이 고백했던 "내 잔이 넘치나이다"와 바울에게 임한 주님의 음성 "내 은혜가 네게 족하다"(고후 12:9)는 말씀을 늘 묵상하며 기적과 같은 지난날들을 회상하면서 늘 감사하고 있다. 또한 금지옥엽 같은 딸이 자기와 같은 폐병 환자와 결혼시켜 달라고 졸라대는 성화에 못 이겨 갈비 일곱 대를 자른 불구의 몸을 사위로 삼아 준 장인어른과 장모님이 너무나 감사했다고 한다. 그는 이런 모든 일들에 대한 감사와 신혼의 기쁨보다는 출생하는 자식의 갈비뼈가 온전할까에 대한 걱정으로 열 달을 기도했다. 그러나 그것은 기우였다. 창조주 하나님께서 아담의 갈비뼈로 여자를 만드셨지만 그의 후손들은 지금까지 온전했던 사실을 미처 생각하지 못했던 것이다.

일본 선교의 첫발을 내디딘 북해도

그는 미국감리교장학금(Crusade Scholarship)으로 미주리주 캔자스시에 있는 신학교에서 신학석사 과정을 마치고 졸업을 앞둔 시점에 귀국을 준비하고 있었다. 1969년 초에 감리교 동부연회로부터 "일본 북해도 선교사로 갈 의향은 없느냐, 있으면 곧 연락하라"는 통지를 받았다.

이 목사님은 소신대로 가겠다는 회답을 했고, 그해 5월에 졸업과 동시에 귀국하여 10월에 연회 파송을 받았다. 1970년 1월까지 출국을 위한 여러 가지 수속이 한일 양국교단 사이에 오고 갔다. 가족 동반이 어려운 상황이었지만 우여곡절 끝에 보이지 않는 하나님의 손이 작용하여 가족과 함께 임지로 갈 수 있었다.

온 가족의 일본초청을 위해 일본 정부에 보증을 한 일본 기독교단에 속하는 북해도교구 총회에 인사차 내빈으로 참석했을 때의 일이다. 그 자리에서 진보파 젊은 목회자들과 보수파 중진 목회자들 사이에 한국선교사 초청 건으로 논쟁이 벌어졌다. 진보파 젊은 목회자들의 주장은 이성주 선교사가 당시 군사정권의 첩자일 수도 있다는 터무니없는 주장을 펼쳤던 것이다. 그래서 남북한 평등한 관계를 유지하기 위하여 이북 기독교연맹에 선교사 파송을 요청해야 한다고 주장했다. 그러면서 선교협력과 협조를 거부하겠다고 하여 상당한 고충을 겪게 되었다.

북해도는 광활한 대지로 이루어져 있다. 우리나라 면적에서 경상북도를 제외한 정도의 큰 섬이다. 선교활동을 시작하면서 삿포로시에 거주하는 선교사들과 친교를 맺으며 그들의 차에 동승해서 지방도시를 순방하며 동포들을 만났다. 어떤 때는 일본교단 북해도교구 간사 목사님의 신세를 지기도 했다.

한국 선교사는 자동차를 구입할 돈이 없는 것은 물론이고 살 집조차 마련할 돈도 없었다. 미국 선교사가 안식년으로 귀국하면 그 집을 봐주면서 빌려쓰기도 했다. 그랬기에 교회당 구입할 자금은 아예 엄두를 낼 수도 없었다.

자녀교육과 관련 재일대한기독교회 총무는 반드시 일본 현지 학교에 보내야 한다고 강조했다. 하지만 사모는 다른 꿈을 가졌기에 거기에 따르지 말자고 했다. 이로 인하여 선교사 후원 교육비를 받는 것과 추천서 등 일체를 지원할 수 없다는 통보를 받았고 자녀 교육의 길이 막히고 말았다.

그래서 사모는 삼남매를 영어로 교육하는 홋카이도 삿포로 국제학교에 입학시키고, 학비를 조달하기 위해 인근에 있는 산부인과병원에 취직했다. 병원장의 어머니가 기독교인이어서 선교사에 대한 이해가 각별했기 때문이다.

사모는 병원장의 배려로 퇴근 후 야간간호학교에 다녔다. 딸 같은 여학생들과 공부를 같이 했다. 2년의 과정을 마치고 도에서 실시하는 조간호사 자격시험에 합격했다. 사모는 어려운 와중에도 북해도대학에 유학 온 학생과 그 가족을 섬기는 일에 최선을 다했다. 유학생들은 예배도 중요하지만 예배

후의 애찬에 더 기대를 갖고 있는 것이 사실이다. 그들 중에 사모의 김치찌개에 끌려 교회에 다니다가 귀국해서 신앙생활을 잘 한다는 소식을 받을 때도 있었다. 사모는 이런 기쁜 소식을 들으면 선교지에서 겪는 모든 피로가 싹 가신다고 했다.

3년만 예상하고 시작했던 선교사 생활은 삿포로교회에서 7년, 오기나와교회에서 3년, 후쿠오카교회에서 17년, 그리고 은퇴 전 미시와교회까지 총 33년을 일본에서 살았다.

부부의 삼남매 중 막내딸이 다섯 살 때 일본 유치원에 다니면서 일본말을 배우기 시작하던 중 발생한 일화는 언제나 한국인의 자부심을 상기시켜 주고 있다. 하루는 동네 일본 아이들이 자기가 일본말을 잘하지 못한다고 '빠가' 즉 '바보'라고 놀렸다는 것이다. 그때 이 어린 아이는 우는 것이 아니라 정색을 하면서 "너희는 한국말을 알아?" 하고 반격을 했다고 한다. 거기서 한술 더 떠 "너희는 영어를 알아?" 하면서 "나는 한국말도 하고 영어도 한단 말이야. 바보는 내가 아니고 바보는 바로 너희들이야!" 라고 소리쳤다는 것이다.

집에 돌아와서 이렇게 말하는 어린 딸을 보고서 이 목사님은 놀라지 않을 수 없었다. 어린 나이에 어디서 이런 자아의식이 생겼는지…. 지금은 워싱턴 주립대학교의 교수가 된 그 딸이 어릴 때 이미 당당하게 자기를 긍정하고 주장할 수 있는 인격이 형성된 것에 대하여 늘 뿌듯함을 감출 수 없다고 한다.

이 목사님은 지금도 선교에 대한 열정이 넘친다. 선교는 '잡은 물고기를 주는 것보다 물고기 잡는 도구와 잡는 기술을 공유하고 전수하는 것'이라고 하면서, 선교와 목회의 삶은 대접, 섬김, 봉사의 삶과 같다고 말씀하신다 (막 10:45).

또한 그는 일제강점기 북해도를 비롯한 각지 탄광에 와서 강제노동하고, 철도 비행장 건설 등 토목공사를 하다 희생된 조선인 무연고 유골을 찾아 고국으로 돌려보내려고 수많은 일본 사찰을 찾기도 했다. 이 모든 것이 복음적 삶의 샘물을 흘려보내는 선교라고 설명한다.

은사 목사님을 모신 부흥성회

선교 목사로 사역하면서 담임 목사님께 내 신앙의 성장을 도와주시고 은사를 길러주신 임영재 목사님을 모시고 부흥성회를 열면 성도들의 신앙 성장에 큰 도움이 된다고 말씀드렸다. 내 제안에 따라 독립문성결교회 임영재 목사님 초청 부흥성회를 당회에서 최종 결정하였으며, 임 목사님을 모신 부흥성회가 후쿠오카교회에서 열렸다.

임 목사님은 1924년 늦가을, 서너 살쯤 되었을 때 충남 부여군 산골 논둑길을 걸으며 지역을 순회하던 길보른 선교사 부부를 따르던 소년이었다.

선교사가 소년에게 "너는 다음에 커서 무엇이 되고 싶으냐"고 물었다. 대답도 하지 않은 채 계속해서 신기하여 코큰 선교사를 따라다니기만 하던 임영재. 계속해 그의 꿈을 물었다. "이장이냐?" "서울 가서 경찰서장이라도 되겠느냐?" "대통령이냐?"라고 재차 물었다.

"아뇨, 그보다 더 높은 거요."
"그보다 더 높은 것이 무엇이냐?"

소년은 고개를 쳐들고 당당하게 말하였다. "설교자요." 하나님은 어린 날, 길보른 선교사에게 꿈을 선포했던 소년 임영재의 꿈을 들어주셨다. 대

부흥설교가의 꿈을 말이다.

 임 목사님의 딸이 내 친구라는 사실 때문에 우리 식구들과는 달리 그분이 담임하시던 교회에 출석하게 되었고, 확신에 찬 설교를 통한 큰 은혜와 각별한 사랑을 한 몸에 받으며 자랐다. 임 목사님은 말씀을 전하실 때마다 "실패만 거듭했던 베드로는 성령을 받은 후 능력을 받아서 하나님의 위대한 성업을 이루는 성공자로 바뀌었습니다. 성령께서는 안 되는 것을 되는 것으로 바꾸어 주십니다. 실패자는 성공자로, 무능자는 권능자로 바꾸어주십니다." 하시면서 성령의 능력을 강력히 선포하신 분이시다.

 후쿠오카교회의 집회에서도 강사로 오신 목사님은 어김없이 담임 목사님을 강단 앞으로 불러내어 손을 들고 한참 동안 서 있게 하거나 물동이를 어깨에 걸치고 서 있게 하는 퍼포먼스를 연출하셨다. 그런데 이성주 목사님은 일곱 대의 갈비뼈가 없는데도 불구하고 강사 목사님의 명령에 그대로 순종했다. 시간이 흐르면서 도저히 견딜 수 없었든지 팔이 점점 내려오고 몸이 휘청거리면서 물동이가 쏟아져 성전 바닥은 물바다가 되고 말았다.

 이때 강사 목사님께서 성도들을 향하여 엄하게 꾸짖으며 불호령을 내리는 것이었다.

 "이렇게 담임 목사님을 부축하지 못하는 장로가 장로입니까? 그런 제직이 제직입니까?"

그러자 성전은 눈물바다로 변했다. 장로님들이 엉엉 울면서 앞으로 나와 목사님의 팔을 부축하고, 물동이를 대신 지는 일에 앞장섰다. 집사님들도 자리에 앉아 있기가 민망했던지 모두 앞으로 나와 울면서 기도대열에 동참했다.

이렇게 해서 한 번의 부흥성회로 온 교회가 기도하는 교회로, 성령 충만한 교회로, 섬기는 교회로 변화되었다. 전무후무한 역사에 온 교회가 감사하며 기뻐했다. 임 목사님은 성결교회 인물전을 통하여 유능한 설교가, 순교자적 사명자, 격조 높은 부흥사 등의 평가를 얻은 바 있으며, 제15회 서울신대인상을 수상할 만큼 존경받는 목회자이다. 나의 영성을 다듬어주신 자랑스러운 은사님이시다.

1994년 개관한 '홀사모 수양관'

홀사모란 '홀로 남은 교역자의 사모'를 뜻한다. 지금은 일반화되어서 사용되고 있는 이름이지만, 홀사모 수양관이 개관되기 전만 하더라도 사전에 등록되지도 않고 통용되지도 않던 생소한 단어였다. 나는 '홀사모'라는 단어를 특허등록(제41-0069222호) 해두었다. '홀사모'라는 이름을 사용해서 모금을 하거나, 활동을 하려면 반드시 홀사모선교회의 동의를 받아야 사용할 수 있다.

홀로된 지 12년째 되던 1994년, 나를 통한 하나님의 놀라운 역사가 새롭게 전개되었다. 여태까지 홀로된 자신의 처지를 망각한 채 말씀과 기도에 파묻혀 지내온 12년의 세월을 더듬어 보면서, 눈앞을 스쳐 지나가는 홀로된 사모들의 어려운 형편을 떠올리게 되었다.

"그래 내가 홀로된 사모들에게 힘과 용기를 북돋워 주면 어떨까?" 고인이 된 남편 목사님의 뒤를 잇지도 못하고, 험난한 사회생활에 적응하지도 못하여 전전긍긍하고 있는 홀로된 사모들의 대모가 되어야겠다는 강렬한 생각이 어느새 나의 마음 한가운데 자리 잡고 있었다.

그 때부터 나는 뜻있는 목회자들과 교회의 중직을 맡고 계신 분들을 찾아 취지를 설명하고, 또 유사한 공동체를 운영하는 분들을 만나 조언을 듣기도

했다. 교계 언론을 통해 홀사모의 현실을 알리면서 관심을 모으기도 했다.

'두레마을 공동체'를 이끌어 가시는 김진홍 목사님을 찾아가 나의 계획을 설명하니 선뜻 개관행사에 동참하겠노라고 말씀해 주셨다. 늘 바쁜 일정에 매여 한가롭지 않은 분이었고, 건강마저 좋지 않은 상태였다. 그래도 힘없는 자들의 편이 되어 주기 위해 참여해 주신다는 말씀을 들으니 고맙고 감사했다.

일본 이성주 목사님도 만 가지 일을 제치고 하루 전날 찾아 주셨다. 현해탄을 건너오셨으나 홀사모들을 후원하는 넉넉한 마음으로 오셨기에 피곤한 줄도 모르겠다며 위로의 말씀을 아끼지 않으셨다.

이 밤이 지나면 대망의 홀사모 수양관을 개관하게 된다. 누가 인정하여 얻은 영광스런 직책도 아니고 더욱 힘들고 어려운 일들이 계속될 텐데 내 마음속에서는 그런 걱정이나 근심보다는 감사의 기도가 먼저 나왔다.

"하나님 아버지! 부족하고 연약한 저를 들어 써 주시니 감사합니다. 허락하신 홀사모 수양관을 내일이면 개관하오니 늘 함께해 주세요. 홀사모들에게 힘과 용기를 불어넣어 줄 수 있도록 저에게 먼저 힘을 더해 주세요."

6월 23일 아침이 밝았다. 안개가 자욱하여 화창한 날씨를 예고해 주었고 맑은 산 공기는 시원함을 더해 주고 있었다. 개관을 알리는 예배를 드릴 때 고인 눈물이 주르륵 흘러내렸다.

환자들의 진료와 수술 일정을 미루고 참석해 주신 이창호 원장님, 연구에 여념이 없는 가운데 짬을 내 찾아주신 이기부 교수님, 국민일보를 비롯한 교계 언론 담당자들, 모든 분께 일일이 감사의 인사를 드렸다.

멀리 사는 홀사모들에게 연락을 취할 수가 없어서 가까운 곳에 있는 홀사모들만 초청하게 된 것이 못내 아쉬웠지만 앞으로 더 멀리 더 넓게 일할 것을 다짐했다. 조금도 모자람이 없는 개관 행사였다고 자부한다.

개관 후에는 갑자기 부군을 여의고 자녀들과 함께 생활할 터전이 없는 홀사모들이 안정된 생활 기반을 마련할 때까지 기거할 수 있도록 기도실을 겸한 생활숙소를 증축해 나갔다.

그리고 틈이 나는 대로 교회 주소록을 찾아 국내외의 교회에 호소문을 보내고 후원 회원을 모집하는 눈물겨운 노력을 계속하였다. 교회 주소록이 잘못된 것인지 아니면 뜯어보지도 않고 돌려보낸 것인지는 모르겠으나 반 이상 돌아온 서신을 보며 마음이 아팠다.

그래도 정성껏 연락해 주시고 후원해 주신 교회와 목사님, 개인적으로 후원해 주시는 모든 후원 회원께 감사드렸다. 찾아뵙고 감사의 뜻을 전하지 못했지만 한 분 한 분의 이름을 하나님께 알리는 한밤의 기도로 인사를 대신해 왔다.

홀사모 가정 사역이 본격화됐다. 한 달에 한 번씩 일용할 만나와 메추라기처럼 모아진 후원금과 물품은 우선 자녀들의 교육비를 내지 못한 홀사모들에게 장학금으로 지원했다. 명절 때에는 각 가정마다 위로와 격려를 담아 조금씩 나누어 후원하였다.

처음에는 서로 이야기도 나누고 함께 기도하는 것이 좋겠다는 순수한 생각으로 월 1회 모임을 가졌다. 하지만 대부분의 홀사모들이 왕복 여비조차 아까워하는 것을 보면서 가슴이 아팠다. 오고는 싶으나 여비가 없어 부담이 됐던 것이다. 지방에 사는 홀사모는 서울 가는 교통비가 적은 액수가 아니었다. 그래서 전화를 통해 어려움을 전해 오면 경비가 아무리 많이 들어도 내가 가는 편을 택했다.

한밤중의 전화 벨소리에 놀라 수화기를 들면 어김없는 홀사모였다. 울먹이는 목소리로 "교회에서 오늘 나가라고 하는데 어떡하면 좋으냐"며 한 번도 본 적이 없는 나에게 상처받은 이야기를 하는 분도 있었다. 나도 힘 있는 장수가 아닌 연약한 홀사모에 불과하지만, 그 밤에 멀리 전남 목포까지 단숨에 달려가 이삿짐을 싣고 수양관으로 옮겨온 적도 있었다.

교계 신문과 방송은 내 양어깨에 힘을 실어준 보이지 않는 든든한 후원자였다. 무엇보다도 "홀사모님 힘내세요!"라며 위로의 글을 게재해준 국민일보와 탐방기사나 행사 안내소식을 전해준 교계 신문 관계자의 노고에 늘 감사한다.

국내에서뿐만 아니라 국외에서도 홀사모 후원 활동의 저변 확대가 필요함을 강조하며 대구 기독교방송국에서 해외교회 순회를 주선해 주었을 때, 항상 보이지 않는 손으로 이끌어 주시는 하나님 앞에 저절로 고개가 숙여졌다.

아직도 교계의 후원은 미미한 실정이다. 그래서 1998년부터 매년 한 차례 홀사모 수양관 개관 기념으로 전 교단의 후원을 받아 대대적인 '홀사모 전진대회 및 위로 행사'를 개최해 오고 있다. 영적 전쟁에서 목숨 바쳐 선교하다 장렬한 죽음을 맞이한 목회자의 가족을 위로하고 새 힘을 북돋워줄 이 행사에 모든 교회가 동참하여 후원할 수 있기를 진심으로 바라는 마음 간절하다.

보스턴으로부터 받은 위로

매년 연말이면 홀사모선교회 소식을 담아 국내외 교회로 서신을 발송한다. 2003년에도 예나 다름없이 편지를 보냈다. 그랬더니 2004년 초에 미국 동부의 보스턴장로교회 전덕영 목사님으로부터 전화가 왔다. 안부를 전하면서 미국에 오는 기회가 있으면 꼭 한번 방문해 달라고 하셨다.

그해 3월 미주지역 선교보고 순회일정에 따라 보스턴을 방문하게 되었다. 공항까지 직접 나와서 영접해 주신 사랑을 받으며 수요일 저녁예배 시간에 순서를 맡게 되었고, 참석한 성도들 앞에서 설교를 겸한 선교보고를 했다.

홀사모선교회에 대한 관심을 갖고서 초청해 준 것만으로도 감사한 일인데, 설교 말씀까지 전하게 하시니 목사님에 대한 존경심이 마음속에서 우러났다. 예배 시간에 처음 만난 성도들이었지만 예배가 끝나고 강단에서 내려오니 초면 같지 않았다. 늘 만나왔던 다정한 이웃처럼 환영해 주었고 위로와 격려를 아끼지 않는 넉넉함 때문에 마음이 푸근했다. 정말 그 목사님에 그 성도들이었다.

그 후로도 두 차례나 더 방문할 기회가 있었다. 그때마다 전 목사님은 무디의 생가나 청교도들이 타고 왔던 메이플라워호가 전시되어 있는 플리머스로 직접 안내해 주셨다. 미주지역 장로교단의 총회장을 지내신 분이면서도 겸손함과 선교의 열정은 이 분에게 주신 특별한 은사로 여겨졌다.

 전 목사님은 10년이 훨씬 넘은 오늘까지 홀사모선교회를 향한 교회의 관심과 후원은 끊이지 않고 지속되고 있다. 2년 전에는 후임 목사님을 세우고 목사님 내외가 북방 선교지로 떠났다. 새로운 담임 목사에게 목회의 부담을 주지 않겠다는 의도가 분명했다. 수년 동안 북방선교의 틀을 다져오면서 숱한 위기를 넘기고 북방 대륙의 신학생을 양육해 왔기에, 이제 남은 생애는 그들을 돕는 일에 전념하겠다는 의지가 반영된 것이다. 그리고 사모님은 중국 조선족자치주에 위치한 과학기술대학 영어교수로 초빙을 받아 복음의 사명을 충실히 감당하고 있다.

 선교 현장에서는 모든 것이 넉넉지 않고 부족하기 마련이다. 그래서 올 여름 방학 때에는 항공비용을 절감하고자 대학교내 숙소에 머물기로 하고 목사님만 국내에 들어오신 터였다. 인천공항에 도착하는 대로 주일 예배 설교 본문과 제목을 알려 달라는 문자를 주고받으면서 주말을 보냈다.

 부부가 함께 방학 때에라도 고국에서 쉼을 가질 수 있으면 좋으련만 이토록 열심히 주를 섬기시는가 싶어 고개가 절로 숙여졌다. 전 목사님은 이때 한국에 사모와 같이 들어오지 못한 것이 안타까워 도착하자마자 중국에 전화를 걸었다. 하지만 좀처럼 연결이 되지 않았다. 목사님의 마음이 복잡해졌다. "혹시 누군가에게 붙들려 간 건 아닐까"하는 불길한 예감 때문에 마음이 편하지 않았다. 그래서 계속 통화를 시도했다.

밤 2시가 넘어서 사모의 목소리를 들을 수 있었다. 선교현장에서 종종 일어나는 그런 일과는 상관이 없었다니 다행이었다. 한데 계단을 잘못 디디면서 넘어져 팔꿈치를 크게 다쳤다는 말에 눈앞이 캄캄해졌다. 여태껏 병원에서 치료를 받느라 통화가 어려웠다고 하면서도 밝은 목소리로는 전혀 아픈 기색을 내지 않았다. 그렇다고 이 밤중에 중국으로 갈 수도 없는 일, 그저 염려를 주께 맡기고 기도하며 밤을 샐 수밖에 다른 방도가 없었다.

나는 영문도 모른 채 주일예배를 섬기기 위해 오신 목사님을 반갑게 맞았다. 그런데 설교를 하시면서 얼핏 지난밤에 일어난 일에 대해 간단하게 언급할 때 심상치 않은 일이 있었다는 것을 짐작할 수 있었다. 점심 식사 시간이 되어서야 사모님의 근황과 사고의 사실을 구체적으로 알게 되었다. 그러자 함께 자리를 했던 최성권 선교사의 손놀림이 분주해졌다. 북방지사로 연결하여 하루 빨리 한국에 나올 수 있는 항공편을 알아보고 있었던 것이다. 잠시 후 월요일자 항공권이 예약되었다는 소식에 안도했다. 다음날 오전 비행기가 인천공항에 도착되었고, 깁스를 한 채 출국장을 빠져나오는 사모의 모습을 본 목사님은 왈칵 쏟아질 것만 같은 눈물을 꾹 참았다.

대형 병원을 찾아간 결과는 깁스를 한 채 3주일을 기다려야 한다는 것이다. 하지만 동료 목사님의 교회에서 신앙생활을 하시는 개인병원 정형외과 원장을 만나면서 당장 깁스를 풀게 되었다. 이 상태로 두면 나중에 굳은 팔을 펴기가 더 힘들다는 이유에서였다.

그때 잠시 망설였다. '누구의 말에 순종해야 하나?' 대형병원의 진단이 틀리지 않을 것 같은데 워낙 개인병원 원장이 강하게 밀어붙이는 바람에 그 자리에서 깁스를 풀었다. 신앙의 결단을 내린 결과다. 참으로 놀랍게도 그 날 이후로 물리치료와 함께 그새 굳어진 팔이 조금씩 풀렸고 점차 팔에 힘이 생기기 시작했다.

하나님의 운행 방식은 결코 인간의 방법과 동일하지 않다는 것을 재차 확인할 수 있는 기회였다. 해외 선교사역이 얼마나 어렵고 힘든 일인지 누구보다 잘 아시는 분이 하나님이시다. 그러기에 선교사들은 전적으로 하나님의 인도하심에 의존하게 되는 것이다. 사람은 그저 하나님의 도구로 쓰임 받을 뿐이다.

아주 특별한 만남

홀로된 여자 목회자로서 영성원을 이끌고 홀사모 회원을 돌본다는 것이 생각보다 쉽지만은 않았다. 살을 도려내는 눈보라를 뚫고 혼자서도 버거운 몸으로 어려움을 당한 사람을 업고 갔던 선다싱을 생각하면서 힘을 내기도 했다.

여러 해를 지나오면서 많은 회원들을 뒷바라지한 탓에 누적된 재정비용으로 혼자 감당하기에는 너무 어렵다는 말씀을 하나님께 아뢰었다. 그러자 하나님께서는 2010년 어느 날 기도 중에 말씀하셨다.
"부비가 더 들면 더 주마."

이에 힘을 얻어 지칠 줄 모르고 기도해 왔다. 때마침 출간한 〈시련의 끝〉과 미국 Xulon 출판사의 도움으로 서점과 아마존닷컴에 올려진 〈주님, 한 손만 잡아주소서〉의 영문 번역판 〈Lord, grab my one hand〉의 출판기념회를 2011년 1월에 이곳 영성원에서 가졌다. 그때 어쩌면 세계 도처에서 금세라도 기쁜 소식이 올 것만 같은 기대감으로 더욱 부풀어 있었다.

한 달 두 달 시간은 자꾸 흘러가는데 2011년 한 해가 다 가도록 그것과 관련된 소식은 어디서도 들려오지 않아 실망스러웠다. 그런데 뜻밖의 경사가 벌어졌다. 한 해를 마무리할 즈음이었다. 12월 14일 국민일보 창간 23주년 행사에 수상자로 부름을 받고서 조용기 목사님께서 직접 수여하신 상을 받게 됐다.

"축하합니다."
조 목사님은 잔잔한 미소를 지으며 말씀하셨다.

나는 감사의 인사와 함께 사족을 덧붙였다.
"조 목사님께서 사인해 주신 저의 책이 많이 팔렸답니다."

조 목사님께서 어찌 그런 일까지 기억하시랴마는 고개를 끄덕이시며 기뻐해주셨다. 그리고 행사를 마친 후 오찬 장소로 가자고 권하셨다. 오찬장에 들어서면서 약간은 긴장한 나에게 조 목사님께서는 마주보는 자리를 가리키면서 앉으라고 배려해 주셨다.

그것은 일생일대의 행운이자 축복이었다. 나는 이런 기회가 또다시 올 리가 없다고 생각했다. 잘 차려진 맛깔스런 식단에는 아예 관심도 없었다. 오직 조 목사님과의 대화에 집중했다. 조 목사님께서 나를 쳐다보시면서 말씀하셨다.

"내가 사람 볼 줄 압니다. 이 원장님의 사역은 매우 위대하고, 이 원장님은 크고 훌륭한 사람입니다."

아, 얼마나 큰 위로였던가. 눈물이 쏟아질 것만 같았다. 목사님이 나를 어찌 알고 이런 위로의 말씀을 주시는 것일까. 나는 너무 감동해 눈물이 나올 지경이었다. 목사님의 말씀이 계속 이어졌다.

"내가 사역의 현장에 한번 가보고 싶습니다. 나를 그곳에 초청해 주세요."

나는 너무 기뻐 고개를 아래로 처박을 정도로 숙였다. 이 말은 내가 해야 할 말이었다. 목사님을 영성원에 초청하는 것이 간절한 소원이었다. 그런데 목사님이 먼저 부탁을 하듯이 제안하신 것이다. 하나님의 섭리는 어쩌면 이리도 놀라운가.

나는 이미 제 정신이 아니었다. 잠시 후 정신을 차리자 배석한 분들의 웅성거림 속에서 축하의 소리가 들렸다.
"이에스더 목사님, 오늘 대박입니다."

2011년은 아주 기쁜 마음으로 '아듀'를 외치며 보낼 수 있었다. 이것이 2011년 최고의 만남이었다. 그리고 하나님의 크신 은혜 속에 2012년 3월 8일 '조용기 목사님 초청 제1회 홀사모의 날' 행사를 기적적으로 열게 되었다.

조 목사님께서는 국가조찬기도회와 같은 굵직굵직한 일정으로 분주한 가운데서도 피곤한 몸을 이끄시고 약속된 시간보다 일찍 오셔서 담소를 나누셨다. 비서실장이 "조 목사님과 면담 시간은 주로 10분 정도입니다." 하면서 대화를 길게 하지 말아 달라는 귀띔을 해주었다. 그러나 이날 조 목사님께서는 1시간가량 얘기를 들어주셨고 덕담도 건네주셨다.

그러면서 사위 장 목사를 보시며 말씀하셨다.

"장 목사, 스케일 큰 장모를 만나 굉장히 피곤할 거요."

좌중의 분위기가 금방 화사하게 변했다. 그러자 장 목사도 화답했다.
"네. 그래도 장모가 두 분이면 힘들 텐데 한 분이어서 괜찮습니다."

행사가 시작되어 1부 예배를 통해 조 목사님께서 위로의 메시지를 전해주셨다. 그리고 축복의 만나와 함께 '홀사모를 위한 사랑의 나눔' 전달식을 가졌다. 생각지도 않은 일인데 이처럼 덤으로 주신 격려금과 위로금은 은혜 위에 은혜를 더하신 하나님의 부비였다. 난생 처음 이런 큰 선물을 받아들고서 어린소녀처럼 좋아하는 모습을 카메라 기자들이 놓칠 리가 없었다. 신문에 사진과 함께 기사가 실렸다.

조용기 목사님과의 만남은 하나님이 준비하신 선물이었다. 목사님께서 영성원에 좀 더 오래 머무르셨으면 하는 마음으로 인해 행사를 늘려 잡았다. 목사님은 300명도 안 되는 우리 가족들과 참석자들을 위해 멋진 메시지를 준비하셨다. 나는 속으로 좀 미안한 마음이 들었다. 세계적인 종을 이런 작고 누추한 곳에 초청한 것이 송구스러웠다. 목사님은 이미 나의 마음을 꿰뚫고 계셨으리라.

"여러분, 제가 지금까지 집회를 인도하면서 오늘 새로운 기록을 하나 만들었습니다. 아마 가장 작은 곳, 가장 적은 성도 앞에서 설교를 하는 날이 바로 오늘입니다."

목사님의 표정은 달처럼 밝았다. 세계 각국의 부름을 받아 하나님의 종으로 쓰임 받으시는 세계적인 사자를 우리 사역의 현장에 보내주실 줄을 어찌 알았으랴. 이것이 바로 하나님이 하시는 일의 방식이 아닐까.

기도는 만사를 변화시킨다. 그리고 믿음의 기도는 곧 하나님의 응답이다. 왜냐하면 기도 그 자체가 전적인 하나님의 일이기 때문이다.

동병상련의 홀사모들

2017년 6월 23일은 홀사모선교회가 창립된 지 23번째 맞는 뜻 깊은 날이었다. 이 날을 기념하기 위해 홀사모 대표로 초청된 5명이 오전 10시, 요나3일영성원에서 국민일보와 특별 인터뷰를 가졌다.

먼저 선교회 대표인 나부터 질문에 답하는 형식으로 인터뷰가 진행되었다. "1983년 경기도 안양 갈릴리교회를 담임하던 부군 장경환 목사는 45세의 이른 나이에 위암으로 소천했습니다. 서른여덟에 과부가 된 사모는 졸지에 어린 4남매의 생계를 책임지는 가장이 됐지요. 막막한 현실이었으나 슬픔에 빠져있지만은 않았습니다. 남편의 바통을 이어받아 목회자의 길에 들어섰고 23년째 동병상련의 처지에 놓인 홀사모를 돌보는 대모가 된 것입니다. 나는 하나님의 부르심을 받은 목회자와 사모는 사역에 발을 내딛는 순간부터 그동안 소중하게 여기던 돈과 명예를 모두 포기해야 한다고 다짐했어요."

이런 내용이었다. 그리고 마무리하면서 "일선에서 목회하던 남편 목사님이 먼저 하나님의 부름을 받으면 남아있는 사모와 자녀들은 아무런 대책 없이 길거리로 내몰리게 된다"는 말을 덧붙였다.

옆에서 이야기를 듣던 최선희 사모가 고개를 끄덕이면서 "1991년 남편의 급작스런 죽음 이후 두 아이를 키우기 위해 아파트나 병원 청소는 물론이고 파출부, 학습교재 판매원, 도로공사 현장 잡부 일까지 안 해본 일이 없다"고 거들었다.

사실 남편 목회자의 소천 이후 사모들이 맞닥뜨리는 가슴 아픈 현실은 '교회 제직들이 목회자 유족을 부담스러워 한다'는 점이다. '죄가 많아 벌을 받았다'는 식의 소문이 교회에 돌거나 교인들이 사택을 빨리 비워주길 바란다는 이야기라도 들려오면 큰 상처를 받는다.

김희선 사모는 "1998년 남편이 위암으로 소천했는데 장례예배를 마치고 나니 그때부터 성도의 발길이 뚝 끊어졌다"면서 "대책도 없이 사택에서 나와야 했고 그때 받은 충격 때문에 우울증과 공황장애까지 겪었다"고 회고했다.

이경자 사모는 "2000년 남편을 먼저 떠나보낸 뒤 교회 제직들이 보여준 냉담한 반응과 나쁜 소문에 큰 상처를 받았다"면서 "아이들 입장에서 교회는 아빠와 함께 생활했던 추억의 공간인데 후임목사와 성도들이 교회방문을 부담스러워 한다는 걸 눈치 채고 발길을 끊었는데 얼마나 서글펐는지 모른다"며 눈물을 글썽였다.

김정희 사모는 "1998년 남편의 갑작스런 소천 이후 삶이 한순간에 무너졌다. 생활능력이 없었기 때문에 일어설 힘도 없이 매우 힘든 시간을 보냈다"면서 "그때 원장님의 도움으로 아이들이 신학교에 다닐 수 있었다"고 말했다. 몇몇의 사모들은 이구동성으로 "갑자기 무일푼으로 길거리로 나왔을 때 친정집처럼 목 놓아 울 수 있는 곳이 바로 여기였다"고 고백했다.

 윤명금 사모는 "44세에 남편을 먼저 보내고 혼자 됐는데 답답함과 외로움을 이곳에 와서 털어 놓고 재충전을 한다"면서 "비록 남편이 먼저 떠났지만 끝까지 부끄럽지 않은 삶을 살고 싶다"고 말했다.

 나는 홀사모선교회를 이끌어 오면서 느낀 것을 토대로 "끼니를 챙겨먹고 아이들을 대학에 보낼 수 있도록 조금만 도와준다면 홀사모 가정도 얼마든지 다시 일어설 수 있다"고 귀띔했다.

 그리고 홀사모들이 생활전선에 뛰어들기보다 목회의 연장선상에서 복음전파에 나서는 게 이상적이라고 말했다. 또 "사명을 잃고 기근으로 목말라하는 홀사모들에게 다시 용기를 북돋워주고 그들이 소천한 남편과 함께했던 소명에 따라 청지기적 사명을 다할 수 있도록 여건을 만들어 줘야 한다"면서 "불행을 당한 사명자의 가정에서 생명을 걸고 또다시 사명자의 길을 간다면 그것만큼 의미 있는 일도 없을 것"이라고 말했다.

 인터뷰가 끝난 다음 홀사모 일행은 서울 시청역 근처 덕수궁 옆에 위치한 이탈리안 경양식 집 '스패뉴'로 초대를 받아갔다. 바쁜 점심시간을 피하여 1시 쯤 도착하니 홀사모들만을 위한 잔치를 벌이기에 이처럼 좋을 수가 없었다.

강원도 원주에서 온 최선희 사모는 "오늘 이 날을 위하여 한 주간 전부터 설레는 마음을 달래며 기다렸다"면서 초청해 준 것에 대해 너무 감사하다고 했다.

잠시 후 준비 된 요리가 나오기 시작했다. 우리를 초대해준 김순심 집사님을 소개하면서 "김 집사님은 우리 영성원에서 기도하는 분이신데 홀사모 초청행사를 위해 도울 분이 계시면 섬겨 달라고 했더니 선뜻 식사로 대접하겠다고 자원하셔서서 이렇게 오게 되었노라"고 설명했다.

지방에 살면서 서울에 있는 홀사모선교회에 온다는 생각만 해도 친정집 가는 것처럼 기쁘고 즐거운 일인데 이렇게 귀한 식사로 대접을 받게 되니 한없이 감사하다며 모두 자리에서 일어나 감사의 마음을 전했다.

어느덧 헤어져야 할 시간이 다가왔다. 멀리 강원도 강릉까지 가야 할 홀사모를 위해서라도 준비된 선물과 교통여비를 전하면서 "이제 빨리 떠나야 도움이 되겠네"라고 말했더니 서로 부둥켜안고 눈물을 글썽이며 아쉬움을 달랬다. 그리고 또다시 만날 때까지 건강한 가운데 승리하길 함께 기도하면서 일정을 마무리했다.

CTS '내가 매일 기쁘게' 방송 감동

"오늘은 금식기도, 단식기도라는 한 가지 주제를 가지고 한국교회의 영성사역을 꾸준히 해 오신 요나3일영성원 원장 이에스더 목사님을 모셨습니다."라는 '내가 매일 기쁘게' 진행자 최선규 집사님의 묵직한 멘트로 방송이 시작되었다. "목사님께서는 항상 CTS '빛으로 소금으로'를 통해 은혜로운 말씀을 전해주고 계시는데 오늘은 '내가 매일 기쁘게'를 통해 만나게 되어 많은 성도님들이 반가워하실 것 같아요" 하면서 김지선 집사님이 분위기를 부드럽게 띄우자 이에 출연자가 특유의 경쾌한 목소리로 "할렐루야!"를 외치며 시청자들의 마음을 사로잡아 갔다.

CBS 라디오 방송을 시작으로 FEBC 대전극동방송 그리고 CTS와 CBS 기독교TV를 통해 20여 년간 방송설교를 해온 목회자로 널리 알려졌던 탓에 '내가 매일 기쁘게' 녹화 현장은 시간이 흐를수록 깊은 영성의 대화와 긴장감으로 가득했다. 여기에 노련한 진행자의 질문이 있을 때마다 주저 없이 답변하는 출연자의 순발력, 재치와 열정으로 방송은 아주 매끄러웠다. 또한 시종일관 샘솟는 듯한 웃음과 즐거움을 자아내는 장면이 계속되는 것을 지켜본 담당 PD는 성공적인 방송이 될 것을 예감하고 있었다.

평양에서 태어나 1.4 후퇴 때 가족들과 함께 남쪽으로 내려오면서 겪었던 이야기와 발레리나로 활동하던 학창시절 등 자신의 옛 이야기를 거침없이 쏟아냈다. 그리고 오늘날 먹지도 마시지도 아니하는 단식을 이끌어가는 영성원 원장이 되었다는 대목에서 최선규 집사가 뜬금없는 질문을 던졌다.

"왜 발레리나의 꿈을 접게 되었으며, 하필이면 요나3일이라는 이름을 붙이게 되었느냐"고 묻는 것이었다. 이에 "이 시대에 하나님의 뜻을 저버리고 자기의 길을 가다가 풍랑을 만난 많은 요나 중 한 사람이 바로 자신이라"고 말하고, "물고기 뱃속에서 회개하며 기도했던 요나처럼 '하나님의 부르심에 합당한 기도의 처소'로 쓰임 받고자 요나3일영성원이라 이름 지었다"고 대답했다.

정말 하나님의 크고 놀라운 일의 연속이라며 대화를 나누던 최선규 집사가 갑자기 "그런데 요나3일영성원 말고도 홀사모를 위한 수양관도 만드셨어요" 하면서 화제를 돌려 진행했다.

홀사모란 말 그대로 '홀로 된 사모'를 뜻한다. 남편을 35년 전 사별하고 홀사모의 어려움이 얼마나 큰지를 뼈저리게 느끼며 만든 단체다.

"1994년 6월에 홀사모 수양관을 개관하면서 '홀사모'라는 이름을 교계에서 공식적으로 사용하게 되었지요. 홀아비, 홀어미의 앞 글자를 따서 만든 '홀사모'란 표현이 지금은 보편화된 이름 같지만 이 이름이 만들어진 것은 제가 잠시 선교목사로 시무하던 일본 후쿠오카교회 이성주 목사님의 조언에 영향을 받았답니다."

30대 중반에 홀로된 자신의 처지를 비관하기는커녕 오히려 같은 처지에 있는 가정을 보살피며 선교회의 사역이 본격화 되었다. 현대사회는 사회복지제도가 발달해 많은 사람들이 혜택을 받지만, 홀사모 가정은 복지의 사각지대에 놓여 있다. 생업을 포기하고 사명자의 길을 택해 십자가의 길을 간 자들의 삶을 세상이 인정하지 않기 때문이다.

목회자가 있어도 어려운데 사별 후 더 어려워진다. 뒤에서는 덕스럽지 못하다는 시선, 그리고 자책감에 짓눌려 고통받는 현실, 내면을 노출하지 못하며 살아가는 모습은 참으로 안타깝다.

1994년에 출범한 홀사모선교회는 가장 도움이 절실한 홀사모 30가정을 대상으로 매달 생활비 보조와 학기마다 자녀장학비 후원을 중단 없이 계속하기 위해 최선을 다해 왔다. 이는 홀사모선교회의 대표를 맡고서 홀사모선교회를 대외로 직접 알렸기에 가능한 일이었다.

"매년 3만 통이 넘는 우편요금이면 1000만원이 넘을 텐데, 그 비용으로 홀사모를 돕는 데 쓰는 게 더 낫지 않을까요?"하고 묻는 질문에 이렇게 답한 적도 있다. "저 혼자 그렇게 하고 끝낼 일이라면 그것이 더 현실적이라 할 수 있겠지요. 그러나 이 일은 제가 하고 끝낼 일이 아니라 모든 교회가 관심을 갖고 함께 해야 할 일이기에 이렇게 홍보를 계속하는 것입니다."

지난 24년간 연말이면 국내외 교회와 기독교계를 향해 구제헌금이나 연중 후원사업에 동참해 달라며 서신을 보내고 관심을 촉구해 왔다.

"연말을 맞으면 연례행사처럼 해외를 비롯한 전국 교회에 정성껏 편지를 띄웠습니다. 먼저 홀사모선교회를 품에 안아 어려운 순간마다 도와주심으로 오늘에 이르게 하신 하나님께 모든 영광을 돌렸고, 목회 현장에서 함께하던 가장을 잃고 방황할 때 다시 일어설 수 있도록 힘을 보태달라는 청원의 글을 썼습니다."

그토록 믿고 따라왔던 목회자를 한순간에 잃어버린 홀사모와 그의 자녀들에게 있어 가장 큰 어려움은 남편과 아버지를 잃은 상실감과 함께 그 자녀가 자유롭게 공부하는 것조차 어렵다는 것을 홀사모의 대변인이 되어 호소해 왔다. 그러면서 지금까지 추진해온 최소 30명의 홀사모 가정에 장학금과 생계 보조금 지원이 지속될 수 있도록 교회의 성탄절 구제나 각 선교회의 연간 사업에 홀사모선교회를 꼭 포함시켜 반영해 줄 것을 요청하고 있다.

홀사모 자녀들이 이 어려운 고비를 잘 넘겨 일찍 소천하신 목사님의 못다 한 사명을 능히 감당하고, 후원 교회에 보답하는 아름다운 열매가 될 수 있도록 도와줄 것을 요청하는 편지에 교회의 따뜻한 화답이 이루어질 것을 간절히 소망하며 오직 기도할 뿐이다.

개교회의 초청을 받아 선교회 헌신예배를 인도하며 목회자의 가정생활과 목회의 애로, 그리고 성도의 올바른 가정생활에 대한 생생한 메시지를 전하기도

한다. 부족하지만 감명 깊은 은혜의 말씀으로 성도들의 마음에 감동을 불러일으키는 성령 충만의 시간을 가질 때마다 하나님의 크신 은혜를 실감한다.

말씀을 전하면서 교회들에게 후원만 부탁하는 것이 아니라 성도들 신앙성장에 도움을 주고 영혼을 흔들어 깨워 기도하게 만들 수 있는 것은 하나님께서 주신 은사 중의 하나다. 언제나 변함없는 사랑과 관심으로 홀사모 가정에 훈훈함을 제공해 주신 국내외 후원교회와 성도님들께 기회가 될 때마다 마음 속 깊은 곳에서 우러나는 감사의 인사를 전하고 싶다.

이렇게 방송된 프로그램이 유투브에 올려졌는데 우리 쪽에서는 아무도 몰랐다. 2주 후에 어떤 성도님이 전화로 조회 수가 2만 회가 넘었는데 그것도 모르냐는 반가운 소식을 전해줘서 그제야 알았다.

2017년에 방송된 후 1년이 지나면서 조회 수 6만회를 넘긴 것은 작은 거인의 반란과도 같았다. 이것은 분명 하나님의 특별하신 간섭하심에 따른 축복의 선물임에 틀림없다.

발레리나의 꿈

교내 행사 때마다 매스게임 지도를 맡게 되면서부터 발레리나 교사로 점점 알려지기 시작했다. 그리고 본격적으로 무용연구소를 개설하여 초등학생부터 대학 입시생에 이르기까지 발레리나들을 길러낸 것은 내 인생에 있어 큰 자산이었다. 무용 전문 교사로 경기도 안양과 수원의 여중고에서 활동할 때는 명문 상급 학교로 진학하는 비율이 월등한 것을 지켜본 학부모들로부터 명성과 신뢰를 한꺼번에 얻게 되었다.

교육 사업을 접은 지 오래 되었고 이미 목회자의 길을 한참 걷고 있을 때 국민일보에 실린 조승미 교수 편 '역경의 열매'를 보았다. 그리고 우연찮게 낮은울타리에 실린 '신이 내린 발레리나'라는 별명이 붙었다는 강진희 씨의 글을 접하면서 나도 모르게 몰려드는 감동에 사로잡혔다. 세상에 태어나서 단 한 번도 소리를 듣지 못했다는 소녀. 그러던 그녀가 어떻게 음악에 맞추어 춤을 추는 발레리나가 될 수 있었을까?

발레리나들을 배출한 경험으로 볼 때 쉽지 않은 일이기에 더 궁금해졌다. 놀랍게도 두 사람 모두 공통적으로 어머니의 기도가 있었다는 것을 발견했다. 강진희 씨 어머니는 자기의 딸이 소리를 듣지 못하는 청각장애를 가지고 태어났다는 것 때문에 기도하며 울었고, 울면서 기도했던 것이다. 듣지 못하면 당연히 말도 할 수가 없을 텐데 이 아이를 어떻게 키워야 할까를 고민하며, 청각장애를 가지고도 할 수 있는 미술, 테니스, 육상 등을 가르쳐 보았다고 한다.

딸은 유독 무용만을 고집했다. 무용 교사 활동을 하던 때, 자식의 성화에 못 이겨 나를 찾아오는 부모들을 많이 경험했기에 충분히 이해가 갔다. 부모의 입장에서 듣지도 못하는 아이에게 무용을 시킬 용기가 나지 않는 것은 당연했을 법하다. 그러던 중 어머니의 기도 속에 춤추는 딸의 모습을 보게 되었고, 그 때부터 어머니는 무용을 고집하는 딸의 적극적인 후원자이자 열렬한 팬이 되었다.

내가 아는 한, 발레는 열정만으로 될 일이 아니다. 음악 소리를 전혀 듣지 못하는데 누가 자신의 제자로 받아주려 할까. 음악에 맞춰 춤을 출 수가 없던 강진희 씨는 그 이유 때문에 더 피나는 노력을 했다고 한다. 다른 아이가 5번 연습을 하면 4배나 더 연습을 했던 것이다. 그러면 발가락에 피멍이 가실 순간이 없게 된다. 백조와 같이 아름답게 날아가듯 공연무대에 서기까지 이런 과정은 수도 없이 반복될 수밖에 없다.

마침내 서광이 비취기 시작했다. 중학교 2학년 때 처음으로 콩쿠르에 참가해 예선을 통과했던 것이다. 그러나 거기까지였다. 본선에서는 그만 탈락하고 말았다. 역시 음악을 따라갈 수가 없었기 때문이다.

그런데 그 때부터 그녀에게 음악이 '보이기' 시작했다는 것은 기적과 같은 일이었다. 귀로 들을 수 없는 음악이 '소리의 작은 입자인 진동'을 통해 온 몸으로 들리기 시작한 것이다. 다음 콩쿠르를 기대했던 것은 두 말할 필요가 없었다. 가슴이 쿵쿵 뛰는 소리를 들으면서 자신의 춤 솜씨를 뽐냈다.

백옥같이 하얀 발레복을 입은 열다섯 살 소녀 강진희는 자신이 꼭 3등상은 탈거라고 기대했고 선생님도 똑같은 생각을 가지고 있었다. 스스로 생각하기에도 그날은 만족스러웠다. 하지만 의외의 변수는 항상 있기 마련이다.

보통 중학교 3학년생이 고등학교에 진학하고자 상을 노리는 것이 콩쿠르의 전통적인 관례다. 그래서 심사위원들도 이를 고려해 보통 3학년생들을 중심으로 1등과 2등을 정해놓기 일수라는 사실을 관계자들은 어느 정도 감수하는 현실이다. 그러기에 중학교 2학년생이었던 진희는 아무리 잘해야 3등상이면 최고라는 생각을 갖게 된 것이다.

하지만 이날만큼은 달랐다. 3등 발표가 났을 때까지만 해도 선생님의 실망이 더 컸다. 이미 끝났다는 생각으로 포기한 다음 순간, 선생님의 고개가 홱 돌아가더니 갑자기 진희를 부둥켜안는 것이었다. 갑자기 선생님 품에 꼭 안긴 진희는 대체 이게 무슨 상황인지 싶어 그 품을 빠져 나오려고만 했다. 고개를 든 순간 주변에 있던 사람들 모두가 진희를 바라보며 엄지손가락을 내밀고 박수를 보내는 것을 온 몸으로 느낄 수 있었다.

"진희야, 네가 1등이래. 3학년 출전자들까지 모두 제치고 네가 1등이란다."

귀가 들리지 않고, 말도 할 수 없는 발레리나 강진희가 정상인들과 경쟁해 당당하게 1등을 하던 순간이었다. 단 위로 오르면서 진희는 딱 1분만이라도 들을 수 있었으면 좋겠다고 생각했다는 고백을 했다. '1등 강진희' 하고 자신의 이름을 부르는 그 목소리를 단 한 번만이라도 듣고 싶었던 것이다. 아마 그 순간에라도 귀가 열렸다면 그녀의 이름을 부르는 심사위원의 음성 뿐 아니라 '저 아이 귀가 안 들린대. 그런데도 발레를 한대. 정말 감동이지 않니?' 하는 사람들의 속닥거림도 들었을 것이다.

만남의 축복

"내 삶의 세 요소는 춤과 신앙과 어머니의 사랑이다"라고 당차게 말하는 선교무용가 조승미 교수를 학생 강진희가 만난 것은 천재일우의 기회였다. 나와 동연배로서 한양대 무용과 교수인 조승미 씨는 발레로 신앙을 표현하는 아름다운 무용가다. 그가 오늘에 이르기까지 무용의 기초를 닦아 주신 분은 다름 아닌 어머니와 교회학교 선생님이라고 고백한다.

'빼어나게 아름답다'는 뜻의 '승미'란 이름을 지어준 어머니의 사랑과 기도의 힘을 받으며 우뚝 섰다. 또한 초등학교 3학년 때 어머니를 따라 경남 진해로 이사를 가게 됐고 해군교회에 출석하면서 무용과 인연을 맺었다. 마침 그 교회에서는 성탄절 무용극을 준비하고 있었는데 성탄극의 제목은 '소녀의 기도'였다. 그런데 마땅한 여자아이가 없었던 터라 교회학교 선생님은 서울에서 전학 온 승미를 지명했다.

이렇게 성탄극을 계기로 어머니는 춤에 대한 딸의 소질을 발견하고 곧 서울로 유학을 보내어 서울예고에서부터 본격적인 무용 수업을 받기 시작했다. 딸을 멀리 보내면서 일러주신 말씀이 있다. "'내게 능력주시는 자 안에서 내가 모든 것을 할 수 있느니라'는 말씀을 명심하라. 주일성수를 잊지 마라"고 당부하셨던 어머니의 말씀을 한시도 잊지 않았다. 그리고 그의 삶은 학교와 연습실, 교회를 세 개의 꼭짓점으로 삼고 그 삼각형 안에서 움직였다고 한다.

하나님께서는 그를 한양대학교 교수로 세우셨다. 그런데 학생들을 가르치는 교수로서 대한민국 무용제에 계속 출전했으나 3년 연속 입상하지 못하게 되자 절망감은 깊어져 갔다. 계속 고배를 마시던 이 기간에 조 교수는 선교무용에 관심을 갖게 되면서 춤으로 하나님의 사랑을 표현하고 싶은 마음이 생겼다.

그래서 조직한 것이 '조승미선교발레단'이었다. 비교적 역경 없이 자란 그에게 3년간의 시련은 광야의 연단과 같았다. 그때 흘린 눈물의 기도를 하나님께서는 하나도 빠짐없이 한 방울 한 방울 병에 담으시듯 듣고 계셨다.

조 교수는 선교무용에 심취하면서 하나님께서 그에게 주신 무용의 달란트를 그 때 비로소 깨달았다고 말한다. 만약 세 번의 실패가 없었다면 선교에 대한 소명감을 갖지 못했을지도 모를 일이다. 그리고 네 번째 도전에서 늦깎이 입상을 했을 때 눈물을 흘리며 감사의 기도를 하지 않을 수 없었다.

"나도 세 번이나 떨어졌다. 이제 겨우 한 번인데 왜 그렇게 절망하는가. 낙방이 오히려 약이 될 수도 있다"는 그의 체험적 간증은 제자들에게 큰 위로가 되었다. 무용제 입상 후엔 선교무용가로 널리 알려지기 시작했고 선교발레단을 조직하면서부터 공연 다니는 일이 많아졌다. 재정적인 지원이 넉넉지 않은 가운데 움직일수록 운영이 어려워지는 것은 불 보듯 뻔한 일이었다.

조 교수에게 위로를 하는 단원들도 있었다.

"교수님, 걱정하지 마세요. 저희들은 돈이 필요하지 않아요. 아침에 출근해서 예배드리고 도시락을 먹은 후 집에서 저녁을 먹는데 무슨 돈이 필요합니까. 춤으로 하나님께 영광을 드리는 것이 곧 최고의 기쁨인 걸요."

사랑하는 제자들이 그의 고통을 미리 알고 위로해 주는 말에 조 교수의 눈에는 눈물이 핑 돌았다. 그러면서 "단원들의 헌신이 없었다면 선교무용단은 더 이상 존속하지 못했을 것"이라는 말에 주변은 숙연함으로 가득했다.

청각을 상실한 발레리나

 고등학생이었던 강진희가 조승미 선교발레단의 부산 공연 때 출연하게 된 것은 우연이 아니었다. 너무나 큰 은혜를 입고 단원들과 함께한 진희는 공연이 있던 날 밤잠을 이룰 수가 없었다.

 이렇게 만난 것이 인연이 되어 진희는 한양대학교 무용과를 지원했다. 조 교수는 이미 진희의 재능을 어느 정도 알고 있던 터라 그녀의 지원을 반가워했다. 그런데 심사를 하면서 예상보다 심한 반대에 부딪쳤다.

 "발레는 청각이 생명이다. 음악을 듣고 춤을 춘다. 청각기능을 잃어버린 발레리나가 어떻게 춤을 춘단 말인가?"

 이들의 지적이 틀린 것은 아니었다. 자칫 잘못하면 조 교수가 모든 책임을 져야 할지도 모를 일이기에 난감하기만 했다. 그러나 기도하면 할수록 하나님의 분명한 음성이 들렸다.

 "저 소녀가 하나님의 영광을 선포하는 귀중한 도구가 될 수도 있다. 네가 그녀의 앞길을 가로막아서는 안 된다."

 조 교수는 하나님께서 주신 분명한 음성을 거역할 수가 없었다. '만약 실력이 모자라 불합격이 된다면 어쩔 수 없지만 청각장애라는 이유 하나만으로 불이익을 당하는 일은 없어야 한다'고 생각했다.

진희의 무용 실력은 탁월했으며 정상인보다 훨씬 유연한 몸놀림을 가진 게 틀림없었다. 그래서 몇몇 심사위원의 반대에도 불구하고 그녀는 당당히 합격했다. 그것도 우수한 성적으로 합격자 명단에 올랐던 것이다. 조 교수는 입학식 날 무용과 학생들 앞에서 이렇게 말했다.
"하나님께서 진희를 세계 최고의 무용수로 사용하실 것이다. 진희에게서 이런 환상을 본다."

제자들은 박수로 진희의 입학을 축하해 주었다. 그녀는 비록 치명적인 약점을 갖고 있었지만 동료들의 입모습과 나름대로의 피나는 노력으로 하루가 다르게 성장했다. 조 교수의 결정은 옳았고, 이제 더 이상 이의를 제기하는 비난의 소리는 사라졌다. 그런 진희를 볼 때마다 조 교수는 '하나님의 크신 능력'을 찬양하며 하나님을 경외할 뿐이었다.

삼손과 데릴라의 주연 배정

전 세계에 조승미발레단을 알리는 계기가 된 것은 '삼손과 데릴라'를 공연하면서부터였다. 한국보다 외국에서 더 호평을 받았는데 조 교수는 그 주연을 진희에게 맡겼다. 드디어 '조승미발레단'의 수석 무용수가 된 것이다. "과연 가능할까"라는 주위의 우려 섞인 시선을 말끔히 잠재우고 공연은 대성공을 거두었다.

그녀는 모두의 기대에 어긋나지 않고 완벽하게 역을 소화해냈다. 관객 중 그 누구도 데릴라역을 맡아 우아한 춤을 추는 발레리나가 청각이 상실된 것을 알아채지 못했다. 그만큼 그녀의 춤이 흠 잡을 데가 없었던 것이다. 이로써 강진희는 일약 스타로 부상했다.

미국 컬버시의 앨버트 베라 시장 초청을 받은 미국 공연에서도 성황을 이룬 것은 당연한 일이었다. 한국의 발레리나들이 몸짓으로 표현하는 강렬한 메시지에 도전받은 교민과 미국인들이 눈물을 흘리며 참회의 기도를 드리기도 했다.

이 공연으로 컬버시의회는 공연 날짜인 2월 13일을 '조승미발레의 날'로 제정했다. 많은 예술단체가 이곳을 찾아 공연했으나 '삼손과 데릴라'만큼 웅장하고 강력한 메시지의 공연을 지금까지 보지 못했기 때문이다.

무대 위에서 공연하는 그녀의 모습을 본 모든 관객들은 숨을 죽이며 그녀의 춤 속으로 스며들어갔다. 우아한 자태에 당당한 표정 연기와 자칫 교만하게 보일 정도의 자신감까지 그녀를 감싸고 있는 신비로운 힘이 느껴졌다고 말한다.

그녀를 세계 유일의 청각장애 발레리나로 만들기까지 어머니는 새벽마다 딸을 위해서 기도했고, 마침내 그녀는 에바다농아인교회에서 만난 동양화가와 결혼을 해서 예술가 부부로 살아가고 있다고 한다.

"진희가 성장하는 모습을 지켜보는 일은 이제 내 삶의 가장 기쁜 부분이 됐다. 그녀가 고맙다"라고 말하는 조승미 교수는 "주위에서 '사랑과 신앙으로 뭉친 조승미발레단'이라고 불러줄 때가 가장 행복하다. 우리는 정말 신앙으로 뭉친 동지들이다"라며 자랑스럽게 이야기한다.

"내게 능력 주시는 자 안에서 내가 모든 것을 할 수 있다"는 사도 바울의 고백처럼 하나님의 자녀들에게 불가능은 없어 보인다.

나는 지난 날 무용연구소를 개설하고 외국의 유명 발레단으로부터 입수한 비디오를 보면서 연구에 밤새는 줄 몰랐던 시절을 떠올려 본다. 강단에서 젊은 발레리나를 길러내며 제자가 스승보다 더 나음을 비유하여 이르는 '청출어람'을 늘 기대해 왔다. 조승미 교수와 강진희 씨는 함께 무대에 선 것처럼 내 마음을 설레게 한 인물들이다.

두 사람 모두 무용가이지만 발레만 한 것이 아니다. 그들은 이 시대를 살아가면서 듣지 못하는 영적 농아들인 우리를 일깨워주는 나침반 역할을 했다. 그들은 기도했고, 문제를 풀어나갔다.

우리도 기도하면서 우리에게 주어진 난관을 극복해 나가야 한다. 어둠이 짙은 밤일수록 별이 더욱 빛나는 것처럼 하나님의 사람들은 어려울수록 신앙의 진가를 더욱 발휘하게 된다. 이렇게 살아가는 삶이 바로 하나님이 기뻐하시는 선교요 전도다.

정옥희 사모
조선영 청년
송지영 사모
남효연 집사
김진선 선교사
조정순 권사
조수아 사모
정혜승 전도사
석은주 사모
조항규 목사
김영일 목사
이경희 사모
이정석 전도사
홍지연 집사

4부
영성원 체험 소감

정옥희 사모

섬기는 교회 서른아홉 살 형제가 알코올 중독에서 자신도 헤어나지 못하고 그 누구도 도와줄 수 없는 절망의 상태였기에 영성원을 찾아 온 사모가 있다. 형제와 그의 어머니 그리고 목사님 부부가 온 것이다. 목사님을 제외한 세 명은 약을 하루에도 몇 번씩 먹고 있었기에 약을 제일 우선적으로 한 보따리씩 챙겨왔다는 고백부터 하는 것이었다.

그런데 이런 분들이 단식을 하겠다고 하니 걱정이 앞섰다. 게다가 그들 중 단식으로 약을 중단할 경우 가장 심각한 사람은 바로 정 사모였다. 4년 4개월 전 뇌경색으로 종합병원에서 52일간을 입원했었기 때문이다. 퇴원한 이후 병원약을 안 먹은 날이 없고 하루라도 거르면 죽는 줄 알았다고 한다.

그래서 이번에 음식은 물론이고 물이나 약도 먹지 않고 단식하다가 119에 실려 가는 게 아닐까 불안한 가운데 단식에 들어갔다. 약을 먹고 있을 때에도 정신은 몽롱하고 어질어질하게 빈혈기가 있어 무엇을 조금이라도 하고 난 후에는 쉬는 게 일이었다. 그는 영성원에 입실하고 보니 마음껏 기도할 수 있고 편히 쉴 수 있어서 너무 좋다고 했다.

3일간의 단식을 잘 마치고 장청소를 끝낸 후 보호식에 들어가게 되었다. 그런데 약을 중단하면 어지러워서 소동이 벌어질 줄 알았는데, 오히려 매일

약을 먹을 때보다도 머리는 더 맑고 몸은 가벼워졌다며 기뻐하며 뛰는 것이었다. 등록비나 숙박비, 보호식 일체의 제공은 물론 최상급의 환경에서 기도할 수 있게 하신 하나님께 감사를 드렸다. 곤한 영혼들을 위하여 이곳을 예비해놓으신 살아계신 우리 하나님 아버지의 크신 역사를 마음껏 찬양한다고 했다.

조선영 청년

3년 전 같은 교회를 다녔던 자매에게서 영성원에 대한 이야기를 듣고서 꼭 가보라는 권유를 받고 찾아온 자매가 있었다.

역시 젊은이로서 가장 큰 고민을 꼽으라면 취업이었다. 대학에서 전공을 공부하며 많은 칭찬을 받았고, 실제로 성적우수 장학금을 받을 정도로 탁월했던 청년이었다. 그러면서 자신도 모르는 사이에 점점 교만이 싹텄고, 모태신앙이면서도 주님께 무릎을 꿇기는커녕 '나 정도면 잘 될 거야' 라는 막연한 기대만 가지고 살았던 것이다.

점점 기도에 소홀해지고, 열심히 쓴 이력서와 자기소개서는 지원을 해도 무용지물이었다. 계속 벽에 부딪혔고, 속상하고, 우울한 마음이 더해지면서 자신이 가치 없고, 쓸모없는 사람이라고 생각하기에 이르렀다. 방 안에서 이유 없이 물건을 집어 던지고, 소리를 지르고, 울고… 그런 자신 때문에 곁에 있는 가족마저 지쳐갔다고 한다.

그런 나날 속에서 살다 현재 섬기고 있는 교회 금요 심야 기도회를 꾸준히 나가보자고 결심을 했을 때 하나님께서는 그의 교만을 질책하셨고, 기도만이 이 모든 일에 돌파구가 될 것이라는 말씀 앞에 무릎을 꿇게 되었다. 취업을 준비하면서도 기도만이 문제 해결책이 될 것이라 믿고, 과감히 영성원에 가기로 마음을 먹었던 것이다.

그는 몸이 약한 편이어서 무엇보다 어머니의 걱정이 심했다. 하지만 너무나 절박한 현실이었기에 차라리 쓰러져도 기도하다 쓰러지겠다는 각오와 죽으면 죽으리라는 마음이 생겼고 이런 결단으로 영성원에 오게 되었다고 했다.

영성원으로 들어가겠다는 날짜를 정하고 예약을 한 다음 남은 시간 준비기도를 열심히 하던 중이었다. 그때 너무나 놀랍게도 면접의 기회가 주어졌던 것이다. 예약만 해 놓은 상태였는데 하나님께서는 그 모습만 보시고도 역사하시는 것을 체험했다고 말했다.

면접을 통과하여 최종 합격 통보를 받아 취업이 결정되었고, 첫 출근을 앞두고 예약에 맞추어 1일 단식과 2일 보호식을 하며 기도하겠다고 찾아 왔다. 처음 와본 곳이지만 요나의 말씀을 떠올리게 하기에 충분한 곳이었다고 말한다. 영성원 곳곳에 걸려있는 성화 안에 표현된 예수님의 모습에서 눈시울이 붉어지고 가슴이 뭉클했다는 것이다.

잘 해낼 수 있을까 두려움도 있었지만, 하나님은 날마다 새 힘을 공급해 주셨고, 먹지도 마시지도 않는 단식 상태에서도 세차게 부르짖을 수 있도록 힘을 주셔서 너무 신기했다고 한다. 게다가 저혈압에 빈혈, 소화 장애 증세까지 있어서 '젊은 사람이 왜 이렇게 약하냐'는 말도 들었었는데 그런 약함은 전혀 찾아볼 수 없을 만큼 힘차게 부르짖으며 기도했다.

약해지려 할 때마다 붙잡아주시는 예수님의 손길이 느껴졌고, 더욱 많은 회개와 눈물의 기도가 나오도록 성령님이 이끌어주셨다.

단식을 마치고 보호식을 처음 받았을 땐 양식의 소중함과 함께 기쁨이 넘쳤고, 하나님께서 시간마다 덧입혀 주시는 은혜를 체험했다. 성령께서 기도의 문을 여셔서 기도가 정말 하늘로 올라가는, 천사가 부지런히 기도를 가지고 올라가는 환상까지 보여주셨다.

신기하고 놀라운 체험이었고, 기쁨과 감사가 넘쳐나 웃음이 절로 나올 지경이었다고 한다. 하나님의 놀라우신 사랑, 부족하면서도 교만했던 자기를 안아주시고 싸매주신, 무엇과도 비할 수 없는 주님. 그 주님의 사랑과 은혜를 듬뿍 받았음을 고백했다.

그는 모태신앙이었지만 이런 체험은 처음 있는 일이었다. 그러면서 기도만이 모든 문제의 돌파구이고, 기도만이 지친 심신을 치유할 수 있으며, 기도만이 하나님의 사랑을 뜨겁게 느낄 수 있는 통로임을 다시금 깨달았다고 했다.

그는 요나3일영성원에서 있는 동안 예전엔 체험하지 못했던 것들을 체험한 만큼 자기처럼 문제 상황에 빠져 허우적거리고 있거나 자기보다 더 크고 무거운 문제들의 무게에 짓눌린 많은 사람들에게, 만사 제쳐두고 일단 기도하러 오라고 말하겠다고 했다. 또한 자신이 망한 인간이라고 생각될 때, 하나님께서 어떻게 일으키시는지 보라고 말해주고 싶다고 했다.

기도는 모든 문제의 해결책임을 알게 하신 하나님께 감사하면서 이제 세상으로 나가 그리스도인답게 기도하면서 멋지게 살아보려 한다고 다짐하는 모습이 참 아름다웠다.

송지영 사모

사역을 하며 학교를 다니는 남편 전도사님 때문에 요나3일영성원을 알게 되었다는 사모의 이야기다. 목회신학대학원 원우회 총무로 활동을 했던 남편은 내가 담당했던 기독교영성 과목을 수강하면서 강의나 대화 가운데 영성원에 대한 내용을 종종 접할 수 있었다.

그러던 중 우연히 송 사모에게 영성원을 방문할 기회가 생겨서 찾아왔다. 마침 9시 비상기도회에 참석하여 개인 안수기도 시간에 원장님께 축복기도 받고서 '꼭 요나가 되어 이곳에 기도하러 오리라' 라는 소원을 갖게 되었다고 했다.

현실적 상황으로는 단식기도를 위해 3일간 가정을 비운다는 것이 불가능해 보였지만, 마음에 소원을 주신 분이 하나님이시기에 '언젠가는 올 수 있지 않을까' 기대라도 갖게 된 것이다. 학교에도 가야하고 교회 사역에 매달렸던 남편 전도사님 때문에 그의 소원은 마음속 깊숙이 어디론가 묻혀 버렸다고 한다.

그런데 놀랍게도 자기는 잊고 있었는데 그에게 소원을 주신 아버지는 기억하고 계셨다는 것이다. 쉼 없이 달려오던 남편 전도사님의 건강에 적색불이 켜지면서 기도 중 사임을 결심하고 시기적으로 사역자들이 교체되는 11월에 사직서를 냈다. 하지만 사직서는 철회되고 대신 조금 쉴 수 있는 시간과 파트타임으로 사역을 전환하게 된 것이었다.

 이렇게 해서 시간이 만들어져 30개월 된 아들을 남편에게 맡기고 영성원에 들어오게 되었다. 하나님의 타이밍은 정말 대단함을 알 수 있었다. 그에게 허락된 시간은 총 4일. 월요일 대전에 있는 학교에서 수업을 마치고 경기도 평택의 집으로 왔다가 다시 아내를 이곳에 데려다 준 것이었다. 밤 10시부터 단식에 들어갔다. 시작부터 어찌나 떨리고 기대가 되는지 말로 표현하기가 어려울 정도라고 했다.

 한 밤의 기도를 마치고 배정받은 '에스더 4호실'에서 잠을 잤다. 그런데 꿈속에 자기가 머무는 방에서 갑자기 수도꼭지가 생기더니 물이 틀어져 세수하는 자신을 보게 된 것이었다. 두 번이나 물이 틀어져 나오는 것을 보았다고 한다. 그 순간 '아 이거 닦아야 하는데… 여기 물 흐르면 안 된다고 했는데…' 이런 마음이 들면서 꿈에서 깨어났다.

 이것이 어떤 꿈인지 잘 몰랐지만 '하나님께서 무엇인가 하시겠구나' 하는 마음이 들었다. 하나님께서 준비해주신 영성원의 환경은 역시 달랐다. 알게 모르게 받았던 스트레스들로 인하여 자기 입에서 가뭄에 콩나듯 나오던 '감사'가 1일 단식에 들어가면서 터져 나오기 시작했다. 스텝으로 섬겨 주시는 분들이 작은 것에도 "감사합니다"라고 말하는 것을 보면서 '아! 나 저거 잊고 살았는데…' 하는 마음을 주시면서 이것을 깨닫게 하셨던 것이다. 그러면서 자연스럽게 '감사 바이러스'를 이어 받아 감사하기 시작했다고 한다.

은혜가 있는 곳에 시험도 온다고 갑자기 처음으로 떨어진 아이가 잘 지내는지 걱정이 되기 시작했다. 그런데 원장님의 책을 읽으면서 '하나님께서 키우셔야 잘 자란다'는 내용을 보자 마음에 평안이 찾아왔다.

사실 사모가 되면서 영적인 상태는 형편없었다고 한다. 늘 하나님과 교제하며 일터에서도 기도 모임을 만들고, 부모님과도 늘 신앙적인 교제를 하던 자신이 결혼 후 사모가 되면서 신앙의 바닥을 보게 되었다. 이것이 너무 기가 막혀 마음도 우울하고 감사할 수 없었다는 것이다.

그런데 책을 읽으며 사모에 대해 더 알고 싶다는 마음을 갖게 되었고, 에스더 원장님과의 상담을 통해 하나님께서 왜 자기에게 이런 상황들을 주셨는지 이해하게 되었다고 했다.

'삶의 무게'로 인해 놓치고 살았던 자신의 사명! 중학교 2학년 때 하나님께서 자기에게 주시어 평생의 말씀으로 붙잡고 살거라 다짐했던 그 말씀! "내가 달려갈 길과 주 예수께 받은 사명 곧 하나님의 은혜의 복음을 증거하는 일을 마치려 함에는 나의 생명조차 조금도 귀한 것으로 여기지 아니하노라"(행 20:24)는 말씀을 생각나게 하셨다고 했다.

그는 사명자고, 예배자고, 중보기도자임을 깨달았다. 잊고 살았던 감사를 회복시켜 주시며 사명 또한 다시 찾게 해주신 하나님께 감사했다. 그리고 오랜만에 가지는 기도 시간 집으로 돌아가서도 이어갈 거라고 다짐했다. 시간을 정해 놓고 기도하며 하나님과 더 친밀해지려는 다부진 결심이었다.

성령님을 통해 조명하시고 주의 종들로 기도처를 만들게 하시어 자기처럼 갈한 심령이 회복되어 돌아가게 하신 하나님께 영광을 돌린다고 했다.

남효연 집사

하나님께 가까이 나아가고 싶은 마음으로 금식하고 싶은 생각이 들었을 무렵, CTS에서 방송되는 이에스더 원장님편을 보고 영성원을 알게 되었다는 집사님 이야기다.

그는 너무 큰 은혜를 받았기에 자기 마음속에서 '아 바로 저 곳이야' 라는 성령님의 음성이 들렸다고 한다. 하나님이 보내시는 것이 확실하다는 생각이 들면서 금식을 통해 반드시 응답 받게 될 것 같은 확신이 생겼다. 그런데 기회라고 생각했던 여름 방학 때 시간을 낼 수 없었으나 다행히 시댁의 허락으로 추석명절 연휴기간 영성원을 찾게 되었다.

출발 당일 준비하는 도중에 갑자기 전기가 차단되면서 순간, '겨울 방학때 가는 것으로 미룰까' 하는 생각에 잠시 갈등했다. '이런 것이 기도를 방해하려는 사단의 역사구나' 하는 생각이 들었다. 그래서 내려진 차단기를 올리고 2시 집회에 맞게 영성원에 도착하였다.

기대했던 대로 이에스더 원장님의 설교는 생활 속에서 묻어나는 신앙의 메시지, 파워풀한 뼛속 신앙에서 쏟아 붓는 열정적인 메시지였다. 말씀을 들으면서 회개의 눈물이 쏟아져 내렸다. '3일 단식'은 생각보다 그렇게 힘들지 않았다. 단식 이틀째 되던 날 "목회는 목사님의 목회가 아니고 하나님의 목회"라는 설교말씀에서 그는 답을 얻게 되었다. 갈등하던 문제의 열쇠가 풀리는 것 같았다.

 목사님의 목회가 아닌 하나님께서 주관하시고 하나님께서 친히 목회하시는 하나님의 목회라는 것은 너무나 중요한 사실이었다. 담임 목사님도 종으로 부르심 받아 성도의 리더가 되시고, 성도 역시 담임 목사님을 중심으로 서로 지체가 되어 모두가 하나 되어 하나님의 일에 충성하는 것이 성도의 본분임을 깨닫게 된 것이다. 각자 믿음의 분량만큼 믿음으로 일할 때 주님 나라 가서 상 받는 것은 지극히 당연한 일 아닌가.

 이것이 확인되면서 그는 섬기는 교회에서 믿음으로 충성하며 오직 주님만 바라보면서 말씀으로 무장하고 성령 충만 받아 주님이 원하시는 기쁨의 삶을 살아야겠다고 결심했다. 그러자 뜨거운 눈물이 주루룩 흘러내렸다. 보호식 이틀째 비상기도회 시간이었다. 새까맣게 잊고 있던 과거의 잘못들이 떠오르며 한없이 흐르는 눈물로 범벅이 되었다. 그리고 온 몸이 불덩이처럼 뜨거워지면서 땀이 비 오듯 했다.

 이것이 바로 '은혜의 도가니'요, '회개의 도가니'였다. 이렇게 뜨겁게 기도하면서 하늘을 뚫고 올라가는 듯한 기분으로 너무나 행복한 시간이었다. 무엇이든지 있는 대로 영성원에 심고 싶은데 그저 마음뿐이다. 이곳에 오게 하신 하나님께 감사를 드리면서 심을 수 있는 것이 없어 송구한 마음으로 영성원을 떠났다.

김진선 선교사

20년이 좀 안 되는 외국생활을 했고, 현재는 라오스에서 선교를 하고 있는 선교사님의 이야기다.

선교지 라오스에 온 지 7년 반이 지났다. 호주인 남편과 라오스인 형제 그리고 소수민족 형제들과 함께 공동체 생활을 시작한 지도 2년이 좀 지났을 때의 일이다. 심신이 곤하여지고, 한국의 가족에 대한 그리움과 향수병이 물밀듯이 밀려왔다.

20년 전 호주로 유학을 가서 주님을 만나고 신학을 했을 때 이단에 빠졌다고 안타까워 하셨던 부모님은 아직도 딸의 이러한 생활을 이해해 주지 못하는 형편이다. 게다가 언제나 마음 아파하시기에 한국에 자주 가지 못할뿐더러 간다 해도 쉼을 얻기가 힘들었다.

한국에 대한 향수를 달래려 유튜브를 통해 '내가 매일 기쁘게'라는 프로그램을 보았다. 그리고 이에스더 원장님의 간증을 듣고 어머님 같이 느껴지면서 인생의 고난을 기꺼이 껴안으시면서 주님의 영광을 드러내시는 그 영성을 사모하게 되었다.

도저히 고국에 올 수 없는 상황이었는데 남편에게 한국에 가서 주님과 독대하며 기도하고 오겠다고 선포하고 요나3일영성원에 국제전화로 예약을 해서 오게 되었다.

라오스 현지에서도 이방인의 외로움이란 이루 말할 수 없다. 그래서 자기가 태어난 고국이나 주님을 처음 만났던 호주를 그리워하기도 하지만 막상 그곳에 가도 어디에도 속하지 않은 모습을 발견하고 소외감을 느끼곤 했다.

그런데 이곳 요나3일영성원은 참으로 '주께서 주의 장막으로 나를 인도하셨구나' 하는 기쁨과 감사함으로 평안하게 지낼 수 있도록 하셨다. 주님을 만나고 지금까지의 여정을 뒤돌아보니 항상 신실하시고 은혜로 주의 길을 가게 하시는 주님의 손길만 보일 뿐이다.

부족하고 자격 없는 자를 주의 일에 동참하게 하시는 은혜와 사랑 때문에 드리는 헌신의 소합향이 되게 하시고, 옥합을 깨어 주님께 부어드렸던 그리스도의 신부의 나감향을 부어드리는 삶을 살도록 은혜내려 주시고, 내 모든 삶의 상처난 자리에서 주님의 보혈의 능력과 부활의 능력의 풍자향으로 올려 드리길 간절히 소망했다.

매 예배 시간마다 선포되어지는 생명의 말씀으로 영혼이 소생하게 하시며 새로운 결단의 시간 되게 하시니 너무나 감사했다. 섬기시는 모든 스텝분들의 자원하는 심령과 그들의 삶의 헌신이 주님 앞에 부어드리는 관제의 예배로 주님 전을 향기롭게 하니 또한 감사했다.

"주께 힘을 얻고 그 마음에 시온의 대로가 있는 자는 복이 있나이다 그들이 눈물 골짜기로 지나갈 때에 그 곳에 많은 샘이 있을 것이며 이른 비가 복을 채워 주나이다 그들은 힘을 얻고 더 얻어 나아가 시온에서 하나님 앞에 각기 나타나리이다"(시 84:5~7)는 시편의 말씀이 그가 받은 은혜의 간증이요 고백이다.

조정순 권사

　남편 사업의 위기로 하루에 두 끼와 매주 월요일 종일 금식을 두 달 동안 하던 중 유튜브에서 이에스더 원장님의 간증을 듣게 되었고 인터넷에서 주소를 찾아서 오게 되었다는 권사님의 이야기다.

　영성원에 도착하자마자 자상한 안내를 받고서 권해주는 책을 들고 배정된 단식관으로 들어왔다. 〈3일기도의 영적 파워〉의 은혜스러운 요절을 모두 수첩에 메모했다. 〈행복한 기도 대장〉에서는 원장님의 놀라운 경험과 하나님의 기적의 역사를 통해 자신의 믿음이 한 단계 업그레이드됨을 느꼈다. 그리고 어떻게 간구해야 하는 해결책도 터득하게 되었다. 〈생존을 위한 기도〉 속에서 신비스럽고 놀라운 고기 뱃속의 살아있는 증언들을 감명 깊게 읽으며 삼일 동안 어떻게 고기 뱃속에 살아 있었을까 하는 의문이 풀렸다. 또 단식을 위한 기도와 건강의 비결에 줄을 치며 흥미진진하게 읽고 감사했다.

　첫날부터 금요일까지 원장님과 원목 목사님의 말씀 시간에 퐁당퐁당 빠져 제 영혼이 거듭남을 은혜로, 눈물로 감동하며 느꼈다. 이제 실천하는 믿음만 남은 것 같다. 교회 성가대 피아노 반주를 30년, 이제는 15년 동안 예배 오르간 반주를 하고 있는 그에게는 어느 교회 어느 장소에 가든 은혜보다는 귀에 거슬리고 틀리는 반주 소리만 들렸었다. 영성원 예배 때 힘껏 찬양하며 온 몸으로 연주하는 모습이 아름답고 은혜가 넘쳤다. 그는 지긋한 연세의 찬양 인도자 집사님의 모습이 얼마나 은혜스럽고 정열적인지 감동해 마지 않았다.

이 분은 약 2,500가지의 알레르기를 소유하고 있는 환자로 미국 의사가 '1만 명 중에 한 명 있을까 하는 사람'이라고 진단했다. 비타민, 스테로이드제는 심장마비를 일으키는 위험 때문에 항상 조심스럽게 복용하며 살아오고 있다는 것이다.

은도 백금도 두드러기가 나고 오직 금만 몸에 부작용이 없는 특이체질로 메탈 금속 종류를 직접 만질 수 없을 정도라고 했다. 집 현관 등을 포함 모든 스테인리스강과 쇠로 된 부분을 천으로 싸고 생활했다. 매실과 꿀이 든 음식을 먹으면 어지러워서 5~6시간 쓰러졌다. 젓갈과 고춧가루는 피부에 두드러기가 올라와 피가 나도록 긁어야 했다.

식사할 때 스테인리스강 수저를 그냥 잡으면 살이 부르터 빨간색으로 변했다. 그래서 언제나 수저 끼우는 천과 나무젓가락 뭉치를 가방마다 소유하고 다녔기에 이곳에도 여지없이 그 물건들을 가지고 왔다. 비타민이 들어있는 과일 음료, 탄산수도 마시지 못하며 물과 커피만 가능하다면서, 영성원에 온 것은 단식하며 치료해 달라고 기도하려는 것이 아니라고 했다. 그저 믿음으로 스테인리스강 문고리를 밀고 다닐 수만 있어도 좋았고, 매실이 들어간 동치미를 마셨으면 하는 소박한 바람을 얘기했다.

그런데 영성원에서 믿음으로 마셨더니 아무 탈이 없더라는 것이다. 아무 이상 없이 장 청소까지 성공적으로 마치면서 먼저 하나님께 영광을 돌리며, 이렇게 만남의 축복을 주신 것이 너무나 감사하다는 간증이 끊이지 않았다.

이곳에 오기 전까지만 해도 막혀진 공간이나 미세 먼지에도 예민 반응을 하기에 폐병환자 같은 기침을 1~2분 동안 쉬지 않고 해서 주변 사람들을 안타깝게 했다. 비행기 옆자리에 있는 승객이 책장을 넘기기만 해도 그 바람이 일으키는 먼지 때문에 심하게 기침을 해서 승무원들이 급히 달려온 적이 있었다는 것이다.

그런데 놀랍게도 단식관에 혼자 들어가는 공간이나 영성원의 그 어떤 장소에서도 그런 기침을 하지 않고 일주일을 지냈다. 자기를 아는 주변의 사람들에게 이 사실을 알려 준다면 도저히 믿지 못할 일이라고 했다. 영성원의 철저한 청결 관리에 놀랐고, 된장국과 죽으로 보호식을 했는데 집에서 달고 온 두드러기가 치료되었다며 너무 기뻐서 그 흔적을 보여 주는 것이었다.

또한 그는 근육통으로 고통을 받고 있었다. 한밤의 기도를 마치고 단식관으로 들어오는 순간 어깨와 등이 너무 아파서 몸을 가눌 수가 없었고, 숨을 쉴 수가 없었다고 했다. 혹시 진통제 같은 상비약이 있는지 물었지만 구할 수 없었다. 그래서 혼자 기도했다고 한다.

"하나님 너무 아파요. 알레르기 현상으로 쓰러지고 정신 잃어 본 적은 많았지만 이렇게 통증을 느껴보는 것은 처음입니다. '우리 교회 백 권사님 허리가 이렇게 아픈가 봐요.' '정 권사님이 이렇게 머리가 아픈가 봐요.' '홍 권사님 관절염 다리가 이렇게 아픈가 봐요.' 정말 그들의 고통을 생각지 못하고 '왜 이렇게 몸을 아끼시나. 봉사하면 하나님이 치료해주실 텐데' 하면서 비아냥거렸던 것이 생각이 납니다. 하나님 용서해주세요."라고 고백하며 잠이 들었다고 했다. 한데 새벽에 깨어보니 그 심하던 통증이 사라졌으며, 아침 죽 먹고 기쁨으로 청소도 같이 할 수 있어서 정말 감사했다는 간증을 나눴다.

조수아 사모

남편 목사님으로부터 요나3일영성원에 대한 이야기를 듣고서 찾아온 사모님의 이야기다.

물도 마시지 않고, 3일을 단식하여 딱 정해진 양으로 보호식을 했고, 이것은 곧 절제 훈련이라는 설명을 들었다. 처음엔 한 번 가보고 싶다라는 생각이 들었지만 물도 마시지 않는다는 말에 좀 망설여진 모양이다. 언젠가 기회가 된다면 가게 되겠지 하고 지냈는데 3년이 지난 후에 남편과 함께 이곳을 찾아왔다.

사실 앞으로의 진로를 기도제목으로 삼고 왔는데 기도를 하면서 자신이 먼저 변해야겠다라는 생각이 들었다. 자아가 너무나 강해서 혹시 남편의 사역에 방해가 되는 것은 아닌가 하는 생각에 다음 사역지로 가기 전에 자신을 새롭게 변화시켜 달라고 기도를 드렸다.

3일 단식을 하면서도 자아가 강하게 살아 움직이는 것을 느끼면서 조금이라도 변화될 수는 있을까라는 의심이 앞섰다. 하지만 강단에서 매 시간 전해지는 말씀을 통하여 자신을 돌아보게 되었고 자신의 잘못된 부분, 고쳐야 할 부분, 필요한 부분들을 깨닫게 됐다.

영성원에 오기 전에 자기 속엔 미워하는 마음으로 가득 차 있었다. 자기도 잘하는 게 없으면서 자기 기준에 남을 정죄하며 미워했던 것이다.

이에스더 원장의 소요리 강의시간에서 친구, 부모님, 선생님 등 내 주위에 있는 모든 사람들을 미워하는 것도 살인죄에 속한다는 말씀을 듣는 순간 가슴이 뜨끔거렸다. 그냥 단순히 미워하는 것이 아니라 내가 살인을 하고 있구나 라는 생각이 들었다. 미워하는 마음이 커질수록 자신도 많이 힘들었는데 미워하는 것이 상대뿐만 아니라 자기 스스로 자신을 죽이고 있다는 생각에 "서로 사랑하라"고 하신 계명도 지키지 못하면서 하나님 일을 하겠다는 자신이 한없이 부끄러웠다. 그만큼 자아가 죽어야한다는 것을 절감한 것이다.

한 알의 밀알이 땅에 떨어져 죽지 아니하면 한 알 그대로 있고 죽으면 많은 열매를 맺는다라고 했듯이 자기가 죽지 않는 이상 언제나 세상은 시험거리만 더할 뿐이다. 죄만 지어가는 자신만 있을 뿐이고 자기가 죽어서 주의 말씀에 완전히 순종하면 주의 인도하심을 받아가며 많은 열매를 맺는 축복된 인생이 될 것이 확실했다.

하나님께서 자기를 '생명의 길로 인도하시기 위하여 이곳 요나3일영성원으로 인도하여 주셨구나' 하는 생각에 감사의 기도가 나왔다. 이곳에서 자신의 잘못된 부분들을 깨달아 알게 하시어 회개할 수 있게 하시고, 회개하는 가운데 하나님의 사랑을 많이 깨닫게 하여 주셨다고 했다.

그리고 이에스더 원장과의 상담을 통하여 앞으로 그들이 나가야 하는 방향을 확실히 정할 수 있게 되었다는 것이다. 3일 단식을 하는 동안 이곳 영성원은 요나의 물고기 뱃속이었고, 7일의 보호식을 하는 동안은 그에게 천국이었다고 했다.

 마음껏 찬양하고 기도하고 말씀 듣고… 오직 하나님만 바라볼 수 있어 너무나 행복했다며 사랑으로 섬겨 주신 모든 분들과 끝까지 포기하지 않으시고 자기를 붙드셔서 이곳까지 인도하여 주신 하나님께 감사와 영광을 돌렸다. 앞으로 어느 곳에 가든지 모든 일에 기쁨으로 순종하며 받은 사랑 많이 베풀며 살아가겠다고 다짐하며 영성원을 떠났다.

정혜승 전도사

6년 전 영성원을 방문했었는데 다시 찾은 전도사님의 이야기다. 주님의 선한 일을 도모한다는 명분으로 일에만 몰두한 그는 기진맥진 탈진한 상태였다. 그러자 주님이 그리웠고 주님 품에 안기고 싶었다. 6년 전에 방문한 적이 있었던 영성원이 떠오르면서 이는 성령님이 적극 호출하시는 듯 발걸음을 옮기게 되었다.

열흘이라는 긴 시간이 부담은 되었으나 '호출' 신호에 바로 응하였고, 오랜만에 들어선 영성원은 매우 포근하게 느껴졌다. 바싹 마른 영혼, 가정사, 사역방향 등 '기도제목 보따리'를 묶어서 3일 단식관에 입원하였다. 입원이라고 한 것은 묵상 중에 '요나3일영성원'은 '한국의 응급센터'임을 알았기 때문이라고 했다.

천상의 천사들이 부지런히 들것을 실어 나르는 모습이 스치면서 주님이 병원장이시고, 원장은 집도의사, 섬기는 사역자들이 간호사가 되어 실려 오는 환자마다 병명에 따라 치료하는 곳으로 여겨졌다. 복용하는 약들은 당연 '동치미, 미음, 죽'이다.

마지막 때인 이때에 믿는 자 중 쓰러져 있는 자들의 무릎을 다시 세워야 하는 것이 얼마나 긴박한 일들인지…. 영성원은 가장 고귀한 사역의 현장임에 분명하다는 생각이 들었다고 했다. 그는 오직 주의 은혜로 이 응급센터에 실려 온 것이었다. 이곳을 찾아오는 사람들 모두가 다 완치되어 건강한 모습으로 퇴원하면 좋겠건만 세상 병원을 이리 저리 돌아다니다가 때로는 응급센터를 찾는 것처럼 위기를 자처할 때가 많다.

 치열한 영적전투 속에서 순종과 인내로 속 시원한 승리를 맛볼 수 있음에 이곳을 사랑한단다. 예배와 기도회를 통해 회개의 영이 쏟아 부어지는 놀라운 섭리 가운데 아버지 하나님과의 관계도 더욱 친밀해졌고, 묶어온 짐들에 대한 확실한 주님의 응답을 받고 그는 '행복자'가 되었다고 말했다.

 '회복의 은혜'라는 응답의 선물은 믿고 행함으로써 결실을 맺어 하나님 아버지께 영광을 올려 드리는 것이 중요하다. 그리고 믿음의 담대함, 이것이 곧 퇴원 후의 할 일임을 그는 알고 있다. 이제 내가 사는 것이 아닌 내 안에 사시는 나의 영원하신 신랑 예수님을 믿는 믿음으로 살아갈 것을 다짐하며 자기 의지, 자기 힘, 자기 방법은 모두 실패일 뿐 오직 주님께 맡기고 주님을 의지함으로써 주님의 일하심을 잠잠히 볼 것이라고 했다.

석은주 사모

예상치 못한 풍랑을 만난 듯했다. 저녁 금식 기도를 하던 중 집중기도를 하도록 재촉하시는 성령의 감동 속에 영성원을 찾아온 사모님의 이야기다.

그는 3년 전 영육의 건강을 회복하고 바닷속 산호로 만든 개개인 특별단식관이 있는 요나3일영성원을 찾았다. 다시 이곳으로 마음을 정하자 하나님께서 도울 천사를 보내셔서 쓸 것과 필요를 채워주시는 것을 경험하게 되었다.

월요일 낮12시부터 단식을 시작하면서 영성원에 도착하여 단식관을 배정받고 오후 2시 예배에 참석했다. 혹한 시집살이라도 하다가 친정에 온 것처럼 영혼과 육신이 평안함을 느꼈다. 뜻을 정하고 기도로 준비하고 와서인지 첫 집회 시간부터 풍랑에 시달려 지치고 굳어진 그의 마음에 큰 위로가 되었다.

어쩌면 말씀 가운데 예화까지도 출발할 때 자신의 상태를 목격하신 듯하여 그저 '아멘' '아멘' 으로 화답할 수밖에 없었다. 단식하는 동안 7권의 책을 읽으면서 '하늘보좌를 움직이는 3일 기도의 기적' 을 체험하고 감동을 받았다. 마음껏 부르짖어 기도하고 찬양할 수 있어 너무 좋았다고 했다.

어떤 때는 책을 읽다가 잠이 들기도 했으며, 때로는 단식관의 성화를 감상하며 묵상의 시간을 갖기도 했다. 단식하는 동안 신약성경을 통독하면서 내

속에 있던 육신의 소욕들, 버려야 할 쓰레기들이 빠져나가는 것을 느끼며 감사했다. 모든 정규 집회와 기도회 그리고 상담 시간은 자기를 회복시키고 계시는 성령님의 역사의 시간들이었다고 말한다.

 섬기는 스텝들의 수고와 봉사로 이렇게 맑고 깨끗한 성전과 단식관을 유지할 수 있음을 보았고, 그들의 친절과 겸손에 감동을 받았다. 그런데 단식을 마친 다음 아침식사로 나온 미음을 먹고 나자 이에스더 원장님께서 특별한 목회방법을 가르쳐 주시는 것이었다. 모든 보호식자들에게 몸으로 헌신할 기회를 주셨는데 그에게 주어진 공간은 뒷계단이었다고 했다.

 청소하는 요령은 '무릎을 꿇고 바닥을 물걸레로 닦으면 된다'는 말을 듣는 순간 난감하였다. 이곳에 오기 전에 2번이나 넘어진 후 수개월 동안 무릎 통증이 심한 상태였기 때문이다.

 그러나 받은 감동이 크고 첫 시간 은혜 받은 말씀도 '아브라함의 순종하는 믿음' '바라보는 믿음'이어서 아픈 무릎을 꿇지는 못하고 첫날은 바닥에 털썩 앉아 엉덩이를 끌며 닦았다. 다음날도 같은 곳에서 불평없이 순종했다. 놀랍게도 두 번의 순종을 통하여 자신도 모르게 무릎통증이 사라졌고, 오후 9시 비상기도회 시간에는 무릎을 꿇고 기도할 수 있게 되었다. 너무 감격하여 "할렐루야!"를 외치며 주님께 영광을 돌렸다.

 단식이 끝나고 미음이 시작된 후 자기 안에 자리잡고 있던 탐심이라는 우상도 발견하게 되었다. 미음 한 그릇에 힘이 나는 것을 보면서 많은 것이 필요치 않은데… 많은 것을 가지고자 욕심을 부렸던 죄를 토하면서 그동안 감사함을 놓쳤던 은혜도 회복되었다.

기도회를 마친 후 이에스더 원장님의 안수기도 시간에는 영적인 진단을 받는 듯 위로가 되었고, 치유가 일어나기도 했으며, 회개의 영이 부어지면서 성령의 강권적인 기름부으심으로 마음을 만져주셨다. 자신의 여러 부분을 점검하고 부서뜨린 채 영육으로 회복하고 가게 되어 기쁘다고 말하면서도 아쉬움을 감추지 못했다.

조항규 목사

국민일보를 통해서 요나3일영성원에 대하여 알게 되었다. 2015년 12월 15일자 국민일보 특집으로 게재된 '3일단식기도 통해, 넘어진 신앙 일으킴 받으세요' 라는 기사를 보고서 결단을 내리고 영성원을 찾아오신 목사님의 이야기다.

사실 그동안 마음의 상심은 이루 말로 다할 수 없다고 했다. 요지는 담임목회지가 없었기 때문에 발생한 것이었다. 그는 신학교에서 조직신학을 강의하는 교수였다. 하지만 그것은 시간 강사에 불과했고, 교회에서 목회를 하고 있지 않다는 것에 늘 마음이 불안했고, 하나님께나 사람들에게 죄책감이 들었던 것이 사실이라고 했다.

이전에는 대형교회 부목사로서, 또 7~8년을 담임목사로서 중형교회를 섬기며 목회를 할 때도 있었다. 그런데 1년 전부터 담임 목회지 없이 소위 협동목사로 활동하면서 생활은 물론 여러 가지 영적인 면에서 많이 힘들었던 것이다.

몇 군데 담임목사 청빙서류를 제출했지만 잘 되지 않았고, 개척교회를 하는 수밖에 없다는 생각으로 수소문해 보았지만 그것도 뜻대로 되지 않았다. 대학교 시절 성적이 우수하여 전도가 유망했었고 대형교회 부목사로서 목회

훈련도 잘 받았던 과거를 생각하니 더욱 자존심의 상처가 컸다. 이렇게 되고 보니 목회에 대한 회의도 들었다. 하지만 이것은 교만에 불과했고, 사실 이것은 하나님께서 허락하신 연단의 기회임을 기도를 통해 깨닫게 된 것이다.

처음 단식 3일 동안에 하나님께서는 회개의 영을 부어주셔서 지나온 잘못된 신앙생활의 순간들을 기억나게 하시며 회개하게 되었다. 자신은 물론, 하나님과 인간관계 속에서 지었던 엄청난 죄를 보게 되었고, 그 모든 것이 자신의 잘못에서 시작된 것임을 깨달았다.

가족, 형제는 물론 무엇보다도 하나님께 원망, 불평했던 것이 제일 큰 죄악으로 여겨졌다. 진심으로 회개하며 용서를 구했다. 처음부터 3일 단식을 하기로 잠정적으로 생각했지만 뇌경색 증세가 있는 터라 약도 복용해야 하기에 선뜻 결정하기 쉽지 않았다. 이에스더 원장님과 상담한 결과 1일 단식하고 보호식하고, 이렇게 3차례 걸쳐 하기로 했다.

그런데 1일 단식이 끝날 무렵 성령의 역사로 연속해서 3일을 단식하겠다고 말했다. 믿음대로 허락을 받았다. 은혜 가운데 3일 단식은 회개와 더불어 감사로 넘쳐났다. 특별히 오후 2시 예배를 통하여 많은 회복과 비전을 갖게 되었다.

이에스더 원장님의 강력한 메시지는 조직신학을 가르치던 교수인 그를 감동케 했고 마침내 그의 입으로 "이 설교는 성경적이며, 개혁적이며, 복음적

이어서 더 은혜가 넘쳤다"는 고백을 하기에 이르렀다. 그는 "말씀의 밑바탕에 예수님의 사랑이 담겨 있어서 나는 더 감동을 받게 되었다"고도 했다. 한마디로 영적파워 그 자체를 경험했다는 것이다.

3일 단식 후 보호식 기간에 기적의 역사가 일어났다. 2015년 4월에 뇌경색 발병으로 고통을 겪어 왔는데 이날 완전히 나았다는 느낌이 들었다. 하나님께 진심으로 감사드리게 됐다. 실제 '그의 믿음대로' 된 것이었다. 성삼위 하나님의 은혜와 치유하심으로 고침을 받게 된 것을 간증으로 나눔으로써 더 큰 은혜가 되었다.

앞으로 더 이상 '뇌경색'이 일어나지 않을 것이라는 확신으로 가져왔던 한 뭉치의 약을 폐기처분했다. 또 단식과 보호식을 하면서 8일 만에 7권의 책을 완독하였는데 도전과 교훈의 글들을 통해 너무 큰 은혜를 받았다고 말했다. 앞으로 목회현장과 신학교에서 인용하고 싶다고 하면서 그리고 가장 큰 기도제목이었던 교회 목회지는 이미 하나님께서 예비해 놓으신 줄 믿는다고 했다. 그리고 많은 목회자와 신학생들에게 이곳을 알릴 것이라는 다짐과 함께 열흘간의 기도를 마치고 믿음의 부자가 되어 부산으로 내려갔다.

김영일 목사

30년 동안 허리 통증이라는 고질병으로 목회의 의욕을 상실했다가 요나3일영성원에 가서 함께 기도하지 아니하면 결단을 내리겠다는 아내의 최후통첩을 받고 영성원을 찾아온 목사님의 간증이다.

허리디스크로 인한 3번의 수술과 1번의 시술은 그의 몸과 영혼을 병들고 지치게 했다. 몸이 조금만 아파오면 이불을 펴고 누워야만 했으며, 일 년에 두 번은 한 달 정도 벌침을 맞고 약을 먹는 등 아픈 허리를 달래야 했다고 한다. 그러다보니 몸이 병에 길들여진 채 모든 움직임이 귀찮아지면서 삶이 점점 게을러지고 의욕이 없어졌다. 이따금씩 하나님께 병 낫기를 위해 기도했지만 이내 몸에서 아픈 신호만 오면 더 악화되는 것이 두려워 지레 겁을 먹고 드러눕기에 바빴다.

그러던 중에 2018년 9월 추석 명절 연휴를 맞아 아내의 권유로 요나3일영성원을 찾아온 것이었다. 영성원의 일정에 맞춰서 3일 동안 앉은 자세로 말씀과 기도의 생활을 할 수 있을까 하는 걱정이 앞섰다고 했다. 그런데 단식 첫날부터 하나님께서는 이에스더 원장님의 말씀을 통해서 교만과 불순종의 마음을 회개케 했던 것이다.

그리고 마지막 돌아오는 날까지 시간마다 하나님의 역사하심을 경험하게 되었다. 전적으로 자신을 위한 은혜의 시간이었다고 고백한다. 원장님의 설교 중에 언니 되는 사모님의 간증 스토리에 그의 귀가 번쩍 열렸다.

그 사모님께서 유방암에 걸리셨다. 남편 되시는 목사님께서 아내를 돌보지 않고 집회만 다니시는 것이 못마땅하셨다고 한다. 그래서 부흥집회를 마치고 돌아온 목사님께 서운함이 묻어나는 잔소리를 했더니 목사님께서 예배당에 가서 잠깐 기도하고 오시더니 "접수해 놓고 왔어. 기다려보면 알게 될거야"라고 하시며 또 나가시더란다. 그러자 사모님의 마음속에 서운함이 밀려왔다.

사모님은 하나님께 위로 받고 싶어서 예배실에 가 기도했다. 그런데 '어쩌면 사모라는 게 이렇게 믿음이 없을까, 어쩌면 사모라는 게 이렇게 믿음이 없을까'라는 회개가 들이찼다. 그리고 가슴에 피멍이 들도록 두들기며 기도하던 중에 암이 없어지는 놀라운 성령의 역사가 일어났다는 내용이었다.

이런 간증을 전해 준 다음 "믿음 있는 체 하지 말라고, 아프다고 비실비실 대는 것이 하나님의 영광을 가리는 것"이라는 이에스더 원장님의 책망의 말씀을 듣는 순간 갑자기 얼굴이 달아오르면서 창피함이 밀려왔다고 한다. 그러면서 자기 마음속에서 "저 목사님은 진짜, 나는 가짜"라는 고백과 함께 자기가 진짜 믿음 없는 사람이라는 부끄러움과 창피함으로 어쩔 줄 몰라 했다. 그때 그의 얼굴은 땀이 비 오듯 쏟아졌다. 그는 육체의 질병을 능히 치유할 수 있는 하나님의 능력을 믿고 의지하는 믿음이 없는 자였음을 고백하며 한없이 울었다. 자기 병은 자신이 잘 안다고 생각하며 마치 이 질병이 하나님께서 허락하신 육체의 가시인 것처럼 그의 불신앙을 포장하고 있었던 것이다.

기도 시간에 그는 자기의 믿음 없음을 회개하기 시작했다. "나의 믿음 없음을 용서해 달라"고 부르짖어 기도했다. 그의 마음속에는 늘 허리가 아파서 무기력하게 누워 지내게 되는 것에 대한 두려움이 자리잡고 있었다. 그런데 기도가 끝날 때쯤 마음속에 따뜻한 마음, 편안한 마음이 그를 든든하게 붙잡고 있는 것을 느꼈다. 그리고 허리에 대한 마음의 부담감이 감쪽같이 사라져 버렸다.

집으로 돌아온 그는 3일 동안 책상에 앉아 말씀을 볼 수 있다는 것이 너무나 신기했다. 늘 자기의 기도 제목 중 하나는 책상에 앉아 하나님의 말씀을 깊게 묵상하는 것이었는데, 3일 동안 그렇게 했다는 것은 그에게 있어서 하나님께서 베푸신 기적이었다. 그전에는 반나절만 앉아 있어도 몸살 증세와 살을 꼬집는 듯한 아픔 때문에 더 이상 앉아서 생활을 할 수가 없었기 때문이다. 그는 자신에게 일어난 이 놀라운 은혜에 감사만 할 뿐이었다.

4일째 되던 날, 자기도 모르게 마음과 생각이 자꾸만 허리에 신경이 쓰였다. 무엇인지 알 수 없는 불편한 마음이 내면에서 자꾸 꿈틀거리기 시작했다. 그러자 순간적으로 몸이 그에게 말을 하는 듯한 느낌을 받았다.
'너 힘들지 않아? 피곤하잖아? 다시 아플 걸!'

그러고 보니 그런 것 같다는 생각이 들면서 무언가 특별하게 아프지는 않지만 다시 자리를 펴고 누워야만 될 것 같은 상태였다. 그 생각은 점점 더 크게 자리를 잡고 그의 몸을 주장하고 있었다. 이 정도로 그의 마음은 많이 약해져 있었다.

그날 오후 영성원의 2시 집회 시간에 맞춰 기도를 시작하면서 '지금 자기에게 일어나고 있는 생각들이 자신을 속이는 악한 자의 속임수'라는 깨달음이 강하게 마음을 움직이는 것이었다. 그 순간 그는 깜짝 놀라면서 "아, 내가 속았구나! 그동안 내가 그 생각에 종노릇하고, 그 생각에 포로가 되어 끌려 다녔구나, 그런 생각들이 나를 지배하고 나를 오랫동안 늪에 빠지게 했구나. 그것이 내 생각인 줄 알았는데 악한 자의 속임수요 마귀의 계략이었구나, 그리고 지금 나를 다시 그 깊은 늪 속으로 집어넣으려고 하는구나."라는 깨달음으로 온 몸에 소름이 돋았다.

그는 기도를 마친 후 믿음으로 일어났다. 허리 통증에 대한 염려와 두려움은 더 이상 자기와 상관없는 것이며, 하나님께서 자신을 강건케 하셨다는 굳은 믿음이 그를 강하게 붙잡고 있었다. 그에게 이전에 일어난 생각, 그럴 것 같은 느낌은 순간 사라져 버렸다. 그는 그 순간 승리를 확신했다. 너무 너무 감사했지만 한편으로는 섬뜩한 마음이 들기도 했다. '하나님께서 기도 가운데 말씀하시지 않았다면 나는 또 다시 약한 몸 때문에 포로의 생활을 할 수밖에 없었겠구나' 하는 생각만 해도 아찔했다.

생각해보면 그의 몸 안에서 일어나는 것은 실제적인 일이었다. 그는 몸이 아프다고 생각했고 그러자 통증이 느껴졌다. 너무도 합당하게 일어나는 일에 그는 속수무책으로 당할 수밖에 없었다. 어떻게 마귀가 자기를 이처럼 속이는가? 그러고 보니 새벽예배를 가기 위해 일어날 때마다 그는 도저히 일어날 수 없을 정도로 아팠고, 온 몸의 마디마디가 끊어지는 아픔이 매일 연속되었다. 이것이 기도하지 못하게 하는 마귀의 속임수였다.

마귀는 '온 천하를 꾀는 자'라고 했다. 하나님과 매 순간 동행하지 않으면 우리는 또 속을 수도 있다. 그 자는 아담으로부터 시작해서 구약의 선지자들을 유혹했으며 넘어지게 했던 사악한 존재다. 이제부터는 '내 눈을 오직 주님께로만 집중 또 집중해야겠다'고 다짐했다.

지금 그는 은혜 가운데 매일 새벽예배를 인도하고 있다. 예전과 달리 새벽에 일어나면 몸이 깃털처럼 가벼워서 하나님을 만나러 가고 교제하러 가는 그 길에 감사가 넘친다는 것이다. 그는 "믿음이 없어 30년 동안 육신의 질병에 매여 종노릇하던 자에게 크신 은혜를 베푸사 치유하시고, 하나님께서 부어주시는 기쁨과 소망 가운데 뜨겁게 기도하게 하시고, 하나님의 종으로 부르신 부름에 순종하며 달려갈 힘을 주신 주님께 감사와 영광을 돌린다"며 "자신이 이렇게 깨닫기까지 잘 참아준 아내와 이에스더 원장님을 통해 성령의 충만함으로 깨닫게 하신 성령님께 감사드린다"고 고백했다.

이경희 사모

 하나님께서는 김영일 목사와 이경희 사모의 가정에 4남매를 선물로 주셨고, 결혼 후 남편이 늦은 나이에 신학대학을 졸업하여 교회 개척이 이루어졌다. 주변의 많은 사람들이 걱정 어린 시선으로 바라보았지만 조금도 염려하지 않았고, 하나님의 뜻에 순종하며 영혼을 구원하는 일에 귀하게 쓰임 받는 것을 오히려 기뻐하고 감사할 수 있었다.

 그녀는 중학교 교사로 직장 생활을 하고 있어서 가정의 경제적 어려움은 없었다. 남편도 비록 개척교회이긴 하지만 물질의 어려움 없이 전적으로 사역에 집중할 수 있는 환경을 주신 것에 늘 감사하고 있었다. 언제나 그들 부부를 통해, 그들의 가정을 통해 일하실 하나님을 기대하고, 하나님께 영광 돌리는 삶을 소망하며 힘든 순간도 기도로 말씀으로 인내하며 견딜 수 있었다.

 그러나 개척 후 5~6년의 시간이 지나도 남편의 사역은 나아지지 않았고 오히려 허리 통증으로 1년에 두 번 정도는 주기적으로 한 달 이상 누워서 지내거나 한의원에 가서 침을 맞아야 했다. 질병에 믿음으로 기도하지 않는 것 같은 남편, 삶 속에서 말씀에 순종하지 않고 사역에 열정을 다해 충성하지 않는 것 같은 남편이 그녀에게는 점점 실망으로 다가왔다. '이건 아니잖아요' 라고 한 마디 하려고 하면 남편은 늘 아픈 허리를 들먹였고, 불쾌한 기색을 드러내며 서로의 마음이 불편해지기 일쑤였다.

여러 가지로 부족해 보이는 남편을 지켜보는 그녀의 마음은 힘들어졌고, 예배시간에도 남편의 설교는 그녀의 영적 생활에 도움이 되지 않았다. 그래도 자기가 어떻게 할 수 없으니 하나님께 고쳐달라고 기도하며 참고 기다리기로 마음을 고쳐먹은 적이 여러 번 있었다고 한다. 게다가 매일 같이 출근해서 일을 해야 하는 그녀는 늘 피곤에 지쳐있었다. 집에서는 네 자녀를 돌보는 일과 집안일을 멈출 수 없었으며, 아파도 아플 수 있는 시간이 허락되지 않았다. 핑계 같지만 말씀을 읽고 기도하는 시간을 갖기가 힘들었다. 그녀의 마음속에 '나는 나에게 주어진 삶에 최선을 다했으니 쉬어도 돼. 난 쉴 수 있는 자격이 있어' 라는 생각으로 스스로를 변명하고 자신의 믿음 없음을 합리화하고 있었다. 그러면서 그녀의 영혼은 곤고해졌고 갈급했다.

2018년 8월 영적으로, 육적으로 무너져 있는 자신의 삶을 확인하며 견딜 수 없는 고통과 후회와 안타까움으로 몸부림쳤던 것이다. 기쁨도 소망도 없는 삶에 직면했고, 그녀의 삶을 이렇게 만든 남편이 원망스럽기만 했다. 남편은 영적으로나, 육적으로 그를 만족시키지 못했다.

무너진 마음, 무너진 자신의 삶을 갖고 나가 살아계신 하나님께 부르짖어 기도하고 싶었다. 하나님과 독대하여 생명을 걸고서라도 기도하고 싶었다. 하나님께 자신의 삶이 왜 이 지경까지 오게 되었는지, 자기가 잘못한 것이 있다면 그것이 무엇인지 묻고 싶었다.

아니, '하나님 저 좀 살려주세요. 저 살고 싶어요' 라고 매달리고 싶었다.

그리고 남편과 한마음으로 기도하고 싶었다. 그러나 남편과 한마음 한뜻으로 기도하기가 쉽지 않았고, 또 기도할 수 있는 힘이 없었다. 그래서 기도원을 생각하게 되었다.

그러나 기도원에 심한 거부감을 갖고 있는 남편을 설득하기 위해 우리나라에서 성경적인, 그리고 믿을 수 있는 기도원을 찾기 시작했다. 그러던 중 요나3일영성원을 알게 되었고 이에스더 목사님의 책을 구입하여 단번에 읽었다. 이곳에 가면 하나님께 응답받는 기도를 할 수 있을 거라는 기대감이 생긴 것이다. 남편에게도 책을 읽도록 권하고 마음에 결정을 내려줄 것을 부탁했다. 남편도 그와 같은 생각을 하게 되었고, 거기에 동역하시는 원목이 침례신학교 겸임교수였다는 이력을 보면서 큰 신뢰를 갖게 된 것이었다.

요나3일영성원에 올 때부터 하나님께서는 그녀의 마음을 준비시키셨다. 삶의 문제가 전적으로 남편의 문제가 아니라 자신의 문제일 수도 있다는 생각을 하게 하셨다. 그녀에게 불신앙과 불의, 불순종의 죄, 또 자신이 알지 못하는 은밀한 죄가 있다면 회개하게 해달라고 기도하기 시작했다.

그녀는 이에스더 원장과 장덕봉 목사 공저의 책 7권을 모두 읽게 되었다. 책 속에서 믿음으로 기도하고 응답받았던 원장님의 삶을 통해 실재하시는 하나님, 우리의 삶속에서 실제적으로 일하시며 역사하는 하나님의 모습을 생생하게 볼 수 있었다. 순간 자기가 얼마나 믿음이 없는 자였는지, 얼마나 하나님을 의지하지 않았는지 충격과 함께 부끄러움이 밀려왔다고 한다.

집회 시간마다 하나님께서는 이에스더 원장님의 말씀을 통해 그녀의 불신앙과 불순종, 욕심을 깨닫게 하셨다. 마치 말씀의 검으로 자신의 병들고 상한 심령을 찔러 쪼개시며 수술하시는 것 같았다. 그녀는 남편의 목회 사역이 남편의 일이라고 생각하고 마음을 같이하지 않았다. 남편의 사역이 자리를 잡을 때까지 자신은 직장 일을 열심히 해서 가정과 교회의 재정을 돕는 것이 그녀에게 맡겨진 하나님의 일이라고 생각하고 있었다. 그래서 남편 혼자서 사역을 잘하기만을 종용하고 부족함을 탓하는 마음이 늘 있었다. 그러나 하나님께서는 남편과 한마음 한뜻을 이루어 하나님의 일에 순종하지 않은 중심, 즉 죄를 보게 하셨다.

또 하나님께서는 그녀의 삶의 순간순간에 하나님을 의지하지 않고 자기 생각과 경험으로 살아왔던 믿음 없는 생활을 보게 하셨다. 그녀에게 교사라는 직업과 그로 인해 얻는 물질은 자기가 하나님을 의지하지 않고도 많은 것을 할 수 있는 방편이 되어 있었고, 그녀가 자랑할 수 있는 의가 되어 있었다. 이것이 그녀로 하여금 남편을 향해 주장하는 자세를 갖게 하였으며 남편을 향해 교만한 마음을 갖게 하였다.

그러면서 가정에 재정적인 어려움이 서서히 찾아오기 시작했다. 하나님께서는 그들 가정의 전대에 구멍이 뚫리게 하셨고, 세상을 향해 물질이 새어나가는 것을 보게 하셨다. 그들에게 허락하신 모든 물질이 하나님의 것이고, 하나님을 위해 믿음으로 사용해야 하는데 욕심대로 사용한 죄를 보게 하신 것이다. 그녀는 십일조만 구별하여 드리고 나면 나머지 십의 구는 자기 것인 것처럼 그들 가정과 자녀를 위해 필요 이상의 지출을 하고 있었다. 매 순간 필요하다고 생각하는 부분에 사용하였지만, 하나님께서는 삶의 어려움을 통해 물질의 참 주인이 누구인지 점검케 하셨다.

그녀는 하나님을 믿는다고 하면서 하나님이 필요 없는 자처럼 그렇게 자기 마음대로 자신을 의지하고 살아온 악한 자로 여겨졌다.

결국 하나님께서는 그녀의 삶의 폭풍이 '자신'의 연고라고 말씀하시는 것을 깨달았다. 자기가 요나였다. 하나님께 불순종한 요나가 되어 깜깜한 물고기 뱃속에서 살려달라고 부르짖어 기도할 수밖에 없었다.

"여호와께서 홍수 때에 좌정하셨음이여 여호와께서 영원하도록 왕으로 좌정하시도다 여호와께서 자기 백성에게 힘을 주심이여 여호와께서 자기 백성에게 평강의 복을 주시리로다"(시 29:10~11).

하나님께서는 이에스더 원장님의 말씀을 통해 삶에 폭풍이 오고 어려움이 찾아오는 것은 자신이 왕이 되었기 때문이라고 지적해 주셨다. 하나님께서 우리의 왕이 되시고자, 우리의 왕 되심을 알게 하려고 폭풍을 만나게 한다는 것이다. 이것은 자신에게 하는 말씀이었다. 그녀는 자기가 왕이 되어 살았던 악한 죄를 회개하고 하나님의 주권을 인정하며 다시금 주의 성전을 바라보게 하신 하나님의 은혜에 감사를 드렸다. 그리고 기도에 힘쓰고 말씀에 순종하며 하나님의 나라와 의를 구하는 일에 열심을 내겠다고 결단했다.

남편의 허리 통증은 본인에게 평생의 걸림돌이었고, 어머니와 형제들 등 온 가족의 걱정거리였다. 책상에 앉는 것과 바닥에 앉는 것을 두려워했고, 장시간 운전하고 나면 하루 이틀은 힘들어할 정도로 심각했다. 그런데 하나님의 능력으로 치유함을 입은 것이다.

더욱 놀라운 것은 치유함을 입은 지 4일째 되는 날, 치유에 대한 의심과 불편한 마음이 들고 다시 아프고 피곤할 거라는 생각, 자리를 펴고 누워야 할 것 같은 생각이 마음을 주장했다고 한다. 그린데 기도힐 때 '악한 자가 너를 속이는 거야' 라는 강한 마음의 울림이 있어 믿음으로 일어설 수 있었다고 한다. 약 30년 동안 악한 영이 몸의 아프고 피곤한 느낌으로, 생각으로 남편을 육신의 종노릇하게 하고, 하나님의 종으로 온전히 순종하며 살아가지 못하도록 속였던 것이다. 이로 인해 세상을 이기고 악한 자를 이기는 이김이 오직 예수 그리스도를 믿는 온전한 믿음에 있음을 생각하게 된다.

이후 남편은 하루 종일 책상에 앉아서 말씀을 보는 놀라운 모습을 보여 주었다. 그리고 새벽과 저녁 기도를 쉬지 않고 다녀도 피곤해 하지 않았다. 기적이었다. 하나님의 살아계심과 성경에 약속된 모든 말씀이 우리의 삶속에 그대로 이루어지는 실제임을 다시 한 번 확신할 수 있었고, 하나님을 믿고 의지할 수 있음이 감격으로 다가왔다.

하나님의 은혜로 이들 부부는 기쁨과 감사 가운데 하나님의 뜻을 구하며 기도에 힘쓰는 생활을 하고 있다. 온전히 순종하는 삶, 아는 지식을 자랑하는 것이 아니라 말씀을 행하는 삶, 성령의 열매 맺는 삶, 그래서 하나님의 영광을 드러내는 삶을 간구하고 있다.

영성원 집회에 계속 참석하면서 하나님께서는 늘 그녀의 연약한 믿음을 바르게 세워 갈 수 있도록 비침을 주셨고, 소망을 부어 주셨다. 그리고 하나님 앞에 나아갈 때마다 하나님은 그녀의 믿음을 점검하게 하셨고 자기의 불신앙적인 면들을 생각나게 하셨다. 그러면서 하나님 보시기에 악하고 불의한 모든 것들을 회개케 해달라고, 참된 회개와 온전한 믿음 가운데 거하기를 소원했다.

하나님은 정확한 분이셨다. 삶 속에서 그녀의 마음을 불편케 하고 힘들게 하는 것이 드러났다. 그것은 자기가 보기에 부족해 보이는 남편의 모습이었다. 특히 예배 시간에 부족한 남편의 모습이 보일 때면 그녀의 마음은 요동을 쳤다. 실망감과 속상함과 안타까움이었다. 때로는 화가 나기도 했다. 자연스럽게 남편에 대해 판단하게 되었다. 온전한 예배를 드릴 수가 없었고, 굳이 말하지 않아도 느껴지는 아내의 불편한 기색을 보고 남편도 힘들어하고 있었다. 하나님이 원하시는 모습이 아님을, 하나님이 기뻐하는 모습이 아님을 직감했다. 결혼 후 수없이 겪어왔고 반복되었던 일이었다.

'아, 이것이 나에게 올무이구나. 나를 넘어지게 하고 하나님을 바라보지 못하게 하는 통로가 남편이었구나. 나의 자연스러운 생각과 감정이라고 생각했는데 남편의 잘못이나 부족함을 위해 내가 당연히 해야 할 일이라고 생각하고, 판단하고 지적하고 충고하고 조언하고 했었는데…' 그게 아니었다. 성령님께서는 아니라고 말씀하셨다. 그리고 마태복음 7장 말씀을 생각나게 하셨다.

"비판을 받지 아니하려거든 비판하지 말라 너희가 비판하는 그 비판으로 너희가 비판을 받을 것이요 너희가 헤아리는 그 헤아림으로 너희가 헤아림을 받을 것이니라 어찌하여 형제의 눈 속에 있는 티는 보고 네 눈 속에 있는 들보는 깨닫지 못하느냐 보라 네 눈 속에 들보가 있는데 어찌하여 형제에게 말하기를 나로 네 눈 속에 있는 티를 빼게 하라 하겠느냐 외식하는 자여 먼저 네 눈 속에서 들보를 빼어라 그 후에야 밝히 보고 형제의 눈 속에서 티를 빼리라"(마 7:1~5).

그녀는 한 번도 그들 가정에서, 남편의 사역에서 자기가 문제라고 생각한 적이 없었다. 언제나 문제의 큰 원인은 남편이라고 생각했다. 그녀도 조금 문제가 있지만 그래도 가정을 위해 아이들을 위해 최선을 다해 살아가고 있다는 점을 들어 자신에게 면죄부를 주고 있었다. 그래서 자꾸만 자기를 점검케 하고, 자신의 허물을 보게 하는 상황이 그녀의 마음을 힘들게 했다. 자기가 얼마나 고생하고 헌신하고 인내했는데, 조금 서운하기도 하고 억울한 마음이 들기도 했다. 그런데 이건 100% 자기 생각, 자신의 관점이었다.

그러던 중 이에스더 목사님께서 "당신이 그 가정에 성령의 불쏘시개야"라고 말씀하시는 것을 듣고 정신이 번쩍 들었다. 그 말씀이 그녀의 마음속에 맴

돌며 하나님의 관점으로 자신을 보게 되었다. 불쏘시개에 불이 붙지 않으면 다른 것도 태울 수가 없다. 자신이 불쏘시개 역할을 못했다는 생각이 들었다.

"우리 가정에, 남편의 사역에서 문제는 남편이 아니라 나였구나. 내가 남편의 앞을 가로 막았구나. 내 눈에 들보가 있는데 남편의 눈에 있는 티만 보고 그걸 빼겠다고 비판하고 헤아렸구나. 하나님이 나의 눈 속에 들보를 빼라고 지금 말씀하시는구나"라는 생각에 회개하도록 도와달라고 기도했다.

하염없이 눈물이 나오면서 하나님께 죄송했고 남편에게 미안했다. 하나님은 그녀가 남편을 향해 가졌던 생각, 부족하다고 판단했던 그 모든 것이 자신의 모습이라고 하셨다. 또 하나님께서는 다른 사람의 티보다 그 티를 비판하는 그 비판 자체를 들보와 같이 보신다는 것을 알게 하셨다. 비판은 다른 사람을 돕는 것에 관심이 있는 것이 아니라 돕는 것처럼 하지만 결국은 자기 의를 내세워 정죄에 관심이 있는 것이었다. 그래서 예수님은 비판하는 자를 외식하는 자라고 하셨다. 그러고 보니 자신이 위선자였다. 바리새인과 서기관처럼 말씀을 가르치지만 진정으로 행함이 없는 자였다. 거룩한 척, 경건한 척, 믿음이 있는 척 했지만 결국은 회칠한 무덤과 같았다.

그래서 이 들보를 뺄 수 있도록 도와달라고 기도했다. 남편을 주의 종으로 부르신 분도 하나님이시고, 남편을 통해 일하시는 분도 하나님이시다. 이제는 하나님의 주권을 인정하고 그 분이 허락하신 모든 상황 속에서 하나님의 뜻을 따라 순종해야 한다. 또한 부부는 서로가 선택했을지라도 하나님의 주권 아래 허락하신 것이다. 오직 그 뜻에 순종해야 하는데 자기 뜻에 따라 원망도 하고, 자기 욕심을 이루고자 하나님 앞에 악을 행하였던 것이다. 예수님의 십자가 앞에 엎드려 자신의 죄를 고하며 용서를 간구했다. 하나님께서는 기도 가운데 그녀의 마음을 풀어 주셨다. "내가 너를 사랑한다. 내가 너를 사랑해"라며 위로하시는 성령의 감동하심에 하염없이 눈물을 쏟으며 감사드렸다.

오늘도 새롭게 탄생한 목회자 부부는 요나3일영성원을 통해 회개케 하시고 하나님과의 관계를 회복시키시며 하나님의 뜻을 위해 달려갈 수 있도록 은혜를 베푸신 하나님께 감사하고 감사하며 영광을 돌려드리고 있다. 이 세상이 얼마나 깜깜한 어둠인지, 악한 자가 얼마나 교묘하게 믿는 자를 속이며 넘어지게 하는지 알기에, 이들 부부는 매주 토요일마다 집회에 참석하여 예배하고 교제를 나누며 영적 훈련과 도움을 받고자 애쓰고 있다.

빈 손 들고 나아와 십자가를 붙들 때 의가 없지만 귀한 속죄의 은총을 이들 부부에게 입혀 주신 하나님께 감사하면서 매주 토요일이면 요나3일영성원의 2시 집회에 참석하고 기도하고자 주말여행과 같은 사모함으로 강원도 원주에서 서울을 왕복하고 있다.

이정석 전도사

지금부터 7년 전, 2012년 어느 날 그는 27살 뒤늦은 나이에 공군에 지원하여 입대를 하게 되었다. 교육대학교를 졸업한 그는 서울 지역에서 선생님이 되고 싶어 했고, 그래서 최선을 다해 임용고시를 준비했지만 3년을 내리 낙방하고 말았다. 그로서는 3년이 너무나 괴롭고 고통스러운 시간이었다. 자신이 할 수 있는 최선을 다하고서 간절한 마음으로 마지막 최종 합격자 발표를 확인할 때 누구나 마음이 떨릴 것이다. 그런데 '죄송합니다. 합격자 명단에 이름이 없습니다.' 라는 최종결과를 대할 때마다 그는 한없는 허탈감과 상실감을 감당할 수가 없었다.

낙방할 때마다 좌절하여 몇 달을 술에 취한 상태로 보냈고 지독한 폐인처럼 지냈던 것이다. 부모님의 낙심과 눈물 또한 그에겐 잊을 수 없는 장면이었고, 뜨거운 우정이나 교제했던 관계도 모두 깨지고 말았다. 그때는 극심한 피부병으로 잘 걷지도 못해서 너무 고통스러워했다. 마음은 한없이 무너지고 무너져 내렸으며 특히 스스로에게 실망해서 자신을 위로할 수가 없었다.

훈련소로 입대하던 날, 머리를 빡빡 깎은 자기 모습을 거울로 보는데 너무나 비참하고 불쌍해 보였다고 한다. 그렇게 훈련소라는 낯선 세계에 던져진 그날! 그는 자기 관물함 받침 아래에 작은 포켓 성경이 꽂혀있는 걸 발견하였다. 손바닥만한 성경책을 펴는데 마음이 울컥하기도 하고 한편으로는 가슴이 두근거렸다. 성경책 안에는 "나는 죄인을 부르러 왔노라"고 말씀하시며 자신의 문제로 괴로워하고 고통받는 이들을 만나주시는 예수님이 계셨다. 훈련소에서 맞이한 첫 주일 종교행사에 참석하던 날, 그는 어떤 이끄심에 의해서 교회로 발걸음을 향했다. 그 발걸음은 진실로 그의 인생에 있어 최고의 선택이었던 것이다.

사실 어린 시절까지 그는 성당을 다니는 가톨릭 신자였다. 고모도, 이모도 수녀였고 할아버지는 가톨릭 교황으로부터 낮은 섬김의 삶으로 특별상까지 수상했던 가문에서 자란 것이다. 그러나 사실 그때까지 그는 주님과 무관한 삶을 살았고, 아무것도 깨닫지 못한 죄인이었다.

주님을 전혀 모르는 것은 아니었지만 제대로 알지 못했던 그가 교회로 발걸음을 옮겼던 것은 모든 관물함 중 오직 그의 자리에만 꽂혀 있었던 포켓 성경 때문이었다. 그 안에 기록된 말씀이 그리고 자기 삶 속에 이따금 얼굴에 환한 빛을 보이며 기쁨과 감사가 가득한 이들이 교회를 다닌다고 들었던 어렴풋한 기억이 떠올랐던 것이다.

첫 주일 예배를 통해 그는 자기를 부르시는 하나님을 만났다. 이미 믿음을 가진 동기들과 그 자리에서 함께 찬양하고 예배드릴 때 하염없이 흐르는 눈물을 억제할 수가 없었다. 그는 '하나님 앞에 얼마나 죄악 된 삶을 살았던가' 라는 큰 깨달음과 마치 오랫동안 나갔던 아들을 애타게 기다리고 찾으신 아버지의 마음을 함께 느낄 수 있었다.

하나님께서는 이런 자신을 긍휼히 여겨주셔서 공군사관학교에서 근무할 수 있도록 인도해주셨던 것이다. 그곳은 주님께서 예비해주신 곳이었다. 공군사관학교 성무교회에 매주일 빠짐없이 예배를 드리면서 주님께서 베푸시는 큰 사랑을 느낄 수 있었다. 영적으로 고아와 같은 그에게, 김태영 장로님이라는 정말 좋으신 분을 근무하는 곳에서 만나 양육 받게 해주셨던 것이다. 또한 한동대를 다니는 믿음 있는 군 동료들을 만나게 해주셨다. 그들은 진심으로 QT를 하는 법과 여러 신앙서적을 그에게 소개해주었다. 그 모든 것이 하나님의 선물이었던 것이다.

하나님께서 붙여주신 사람들의 사랑과 섬김으로 그에게 놀라운 일이 일어났다. 그것은 술과 담배를 완전히 청산하게 된 것이었다. 그는 대학 생활 때부터 밴드 동아리 활동을 하면서 정말로 술을 좋아하고 남들과 비교할 수 없을 만큼 많이 마셨다고 한다. 한 번도 끊어야겠다고 생각한 적이 없는 술을 그리고 여러번 시도했지만 끊을 수 없었던 흡연생활을 청산할 수 있었던 것은 정말로 하나님의 은혜였음을 고백하고 있다.

그렇게 군 생활 2년이 끝나갈 무렵, 그는 이듬해에 4번째 그리고 전역을 얼마 남겨두지 않고 5번째 임용고시에서 낙방하게 되었다. 마지막으로 낙방했음을 확인한 날이 바로 크리스마스 이브였다. 그는 마음이 너무 아팠지만 성탄 이브에 주님을 만나러 교회를 찾아갔다. 남들보다 일찍 간 탓인지 예배실에는 아무도 없었다. 그때 제일 앞자리에 놓인 성경책 한 권을 발견하고서 주님 주신 감동으로 펼쳤는데, 주님께서 강권적으로 역사하신 말씀은 이사

야서 57장 17~19절 말씀이었다.

"그의 탐심의 죄악으로 말미암아 내가 노하여 그를 쳤으며 또 내 얼굴을 가리고 노하였으나 그가 아직도 패역하여 자기 마음의 길로 걸어가도다 내가 그의 길을 보았은즉 그를 고쳐 줄 것이라 그를 인도하며 그와 그를 슬퍼하는 자들에게 위로를 다시 얻게 하리라 입술의 열매를 창조하는 자 여호와가 말하노라 먼 데 있는 자에게든지 가까운 데 있는 자에게든지 평강이 있을지어다 평강이 있을지어다 내가 그를 고치리라"

그 말씀은 정말로 살아서 그의 마음 곳곳을 찔렀고 그는 주님의 임재를 느끼며 그 자리에서 오래도록 앉아있었던 것이다. 전역할 무렵 그를 양육해주신 김태영 장로님께서 그에게 한 권의 책을 선물로 주셨는데 그 책 이름이 바로 〈3일기도의 기적〉이었다. '3일 동안 전심으로 기도하면 기적이 있다고?' 그로서는 정말로 자기 삶 속에 기적이 필요했다. 그는 전역을 하자마자 지체하지 않고 이 책이 소개하고 있는 곳으로 찾아갔다. 그곳이 바로 이곳 요나3일영성원이었던 것이다.

3일을 먹지도 마시지도 않으며, 그는 간절하게 하나님을 찾았다. 그러나 하나님의 기적을 바랬던 그에게 주님은 '뚝딱! 여기 있다!'는 식으로 응답해주시지 않으셨다. 대신에 주님께서는 이어진 7일의 보호식을 통해, 그리고 또 이어진 70일 작정기도를 통해, 그를 만져가시고 변화시켜 나갔던 것이다. 무엇보다 원장 이에스더 목사와 원목 장덕봉 목사를 만날 수 있었던 것이 그의 인생에 있어 큰 축복이었음을 고백하고 있다.

그렇게 물고기 뱃속에서 그의 삶이 시작되었다. 하나님께서는 그의 내면 깊은 곳에 자리한 과거에 저지른 삶의 죄악들, 잘못된 가치관, 거짓된 세상 유혹과 헛된 것을 추구했던 그의 삶을 직면하여 깨닫게 해주셨고 보여주셨던 것이다.

그런 자기를 주님께서는 사랑해주시고 불러주셨다. 십자가에서 흘리신 보혈의 공로로 영생을 얻었고 하나님의 자녀가 되게 해주셨던 것이다. 그리고 주님은 자기 안에 가득했던 상처 (실패하고 실패하고 또 실패하고 또 실패하고…) 그 한없는 열등감과 수치심, 처절하게 굳은 그의 마음을 그 분의 손으로 만져주시고 치유해주셨다.

그는 하나님을 만난 이 기도의 처소가 너무나 귀한 곳임을 인정하면서 "저는 이곳에서 한없이 울고 부르짖으며 주님을 찾았고, 주님께서는 저를 만나주셨습니다" 하면서 자신 있게 고백한다. 그리고 그 상처가 주님의 손길로 조금씩 조금씩 회복되어 갈 때 주님께서는, 성령님의 충만하심으로 그를 스스로 일어날 수 있게 해주셨던 것이다. 주님께서는 그를 신학의 길로 인도해 주셨다. 그는 아무 미련 없이, 기쁨과 감사로 이 길을 갈 수 있게 되었다.

그가 침례신학대학교 신대원 2학년 2학기 중에 있었던 일이다. 3일의 휴가를 받아 부모님이 계신 경남 창원으로 내려간 그는 바깥출입을 삼간 채 어수

선한 집안 구석구석을 정리하고 올라왔다. 그런데 며칠 후 그의 부모님이 요나3일영성원을 방문하기 위해 서울에 올라오신다는 것이었다. 원목인 나로서는 내심 염려도 되었지만 주께서 책임져 주실 줄 믿고 기도했다.

오후 2시 집회에 참석한 그의 부모님은 깍듯이 예의를 갖추며 면담을 신청하는 것이었다. 부친의 첫마디는 "예전 같으면 제 아들은 집에 오기만 하면 친구들 만나고 술 마시는 것이 일쑤였는데 이번에는 집안을 깨끗이 정리하고 간 것이 예사롭지 않았습니다"라고 말했다. 그의 변화를 보고서 감동하게 되었다는 말이다. 그러면서 대학원 등록금은 부모가 책임지기로 했다면서 3년간 등록금 전액을 불쑥 내미는 것이었다. 이로써 신학대학원에 입학한 아들을 정식으로 공부할 수 있도록 허락해 주신 것이나 마찬가지였다.

이런 체험을 바탕으로 자기를 '요나'로 불러주신 하나님, 이 모든 것이 내 까닭이라는 고백을 하게 해주신 주님을 그는 진실로 찬양하고 있다. 구원이 오직 하나님께만 있음을 고백하게 하신 주님, 그리고 지금 이 자리까지 오게 해주신 주님의 도우심이 진실로 그의 삶 속에서 일어난 진짜 기적임을 고백한다.

그러면서 그 기적의 삶이 이곳을 찾는 모든 요나의 삶 가운데 역사하도록 기도하는 종이 되길 원하고 있다. 주님께서 허락하시는 날까지, 물고기 뱃속을 지키고 돌보는 겸손한 종이 되겠다고 다짐하면서, 여기까지 자기 삶을 인도해주신 주님께 모든 영광을 돌리고자 최선을 다하고 있다.

홍지연 집사

　가톨릭 신자였던 부모님이 직장 때문에 기독교로 개종하셨고, 외가는 불교였다. 무당, 점집을 찾던 집안에서 자라면서 어린 시절 영적혼란의 시간을 보낼 수밖에 없었던 그였다. 어릴 적에 그는 집에 손님이 오시면 화장대 위에 걸어놨던 십자가를 화장대 아래에 감추는 일을 도맡아 했다고 한다. "왜 십자가를 감춰야하지" 하면서 의아한 마음이 들었지만 아무도 가르쳐주지 않았고, 부모님은 장로님이요 권사님이셨지만 믿음의 본을 보이질 못하셨다.

　성장하면서 '믿음 좋은 집안의 남편을 만나고 싶다' 라는 막연한 꿈을 갖게 되었고 울릉도 여행을 가서 지금의 남편을 만나게 됐다. 그 사람은 어린 시절부터 교회를 다녔고 청년부시절까지 교회활동을 열심히 했다. 시어머니 되실 분이 매일 새벽기도를 다니신다는 말에 강하게 끌렸단다.

　그런데 막상 결혼을 하고 나서는 교회 활동과 신앙은 별개라는 걸 알게 됐다. 진정한 신앙생활이 어떤 건지 보고 자라지 못했던 그로서는 신앙적 갈등으로 헤매기 시작했다. 삶속에 어려움이 찾아올 때 이겨낼 힘이 없었던 그는 결혼생활을 정리하고 남편과 헤어지는 일이 생기고 말았다.

　두 딸과 함께 살던 중 45세에 해외 화장품 브랜드 '메리 케이' 라는 지금의 직장을 얻었다. 그곳에서 그는 하나님을 만났던 것이다. 하나님께서 재물 얻는 능력을 그에게 주셨기에 무슨 일을 하든지 잘 해왔고, 이 회사에서도 빠른 속도로 성장할 수 있었다.

그렇게 승승장구하던 중, 하나님께서는 그의 교만함을 그대로 두지 않으시고 그를 철저하게 갈아엎으셨던 것이다. 2015년 봄 어느 날, 이유 없이 온몸이 아파왔다. 머리부터 발끝까지 가시에 찔리는 고통 속에 그의 몸속은 열이 심했고 견딜 수가 없었다. 그 당시 남편이 곁에 없었기에 너무 아파 울 때면 고3 수험생이었던 큰딸이 달려와서 달래주곤 했다.

병원을 가도 아무 차도가 없이 시간만 흐르던 중에 문득 '이건 하나님의 사인이 아닐까' 라는 생각이 들었다. 일을 더 이상 할 수 없도록 모든 관계를 끊어놓으셨고, 물질도 다 막혀버린 것이다. 막연히 '내게 하나님께서 주시는 무슨 뜻이라도 있는 걸까' 하는 생각이 들었는데 새벽녘에 아주 오래된 찬양이 입안에서 맴돌았다. 얼른 네이버에서 찾아보니 다윗과 요나단의 "요한의 아들 시몬아"라는 찬양이었다. "네가 나를 사랑하느냐"고 물으시고는, "사랑하는 나의 친구야, 네게 내 양떼를 부탁한다"라는 가사였다.

그때 눈물이 터지고 통곡이 나오면서 "하나님, 잘못했습니다. 용서해주세요"하며 기도했다. 지금까지 자기를 기다려주시고 붙들고 계셨던 그 무언가의 힘이 느껴지면서 그의 입에서 회개가 터졌다. 그는 자신에게 주신 것들이 너무나 많았음에도 감사가 없었음을 깨달았다.

다음날 친구와 통화하던 중 '요나3일영성원'을 소개받게 되어 그는 무작정 그곳을 찾아가게 되었다. 몇 년 전 화장품 관계로 우연히 발걸음 했던 곳이 분명한데 이곳에 다시 오게 하신 하나님 앞에 그는 돌아온 탕자였다. 이미 이곳을 알게 하셨던 주님, 세상에 눈이 멀어서 빙빙 돌다가 이제 나타난 탕자가 바로 자신임을 깨달았다.

그날 그는 부르짖는 기도를 하는 시간에 '믿음 · 가정 · 일'이라는 큰 글씨가 눈앞에 환상처럼 나타나는 것을 보았다. 그는 하나님께 물었다. "아버지 이건 왜 보여주시는 것이죠?" 그러자 하나님께서는 "지연아. 넌 이 우선순위대로 살지 못했잖니" 하시는 거였다.

그때 그는 "그렇습니다. 난 내가 이정도의 믿음이면 충분하다고 생각했고, 더 많은 부분은 내 환경이 좀 더 윤택해져서 시간적 여유가 생기면 그때 교회에 더 깊이 담그리라 생각했었습니다" 하면서 하나님 앞에 실토했다. 바쁘게 사는 일상이 그가 주님께 가는 길에 걸림돌이 되었고, 물질이 우상이던 그였기에 더 많이 벌어서 자녀들에게 마음껏 해주면 깨어진 가정이 회복될 거라 믿었던 것이다. 이건 자기 멋대로 한 해석이었다.

주님은 또 그에게 용서와 회복을 원하고 계셨다. "네가 남편을 용서하고 사랑하지 못하면서 어찌 일터에서 그들을 사랑할 수 있겠느냐?" 하시는 말씀에 "주님, 제 힘으로 못합니다. 주님이 해주세요" 하면서 입술로 고백하게 되었고 주님 말씀에 순종하기로 결단했다.

그 이후 그에게 놀라운 변화가 생겼다. 지나온 시간이 필름처럼 지나가는 것을 보면서 너무나 부끄러웠고, 살아계신 하나님이 믿어지면서 하나님이 원하시는 건 다 순종하고 싶은 욕구가 자기도 모르게 생기는 것이었다. "주님, 순종합니다. 믿음으로 살겠습니다"라고 기도하면서 "연약한 나를 결단시키시는 하나님, 난 하나님 한 분이면 족합니다"라는 고백을 했다.

요나3일영성원 원장이신 이에스더 목사님은 그에게 70일 작정기도를 하라고 권하셨고, 그는 무조건 순종했다. 이 길이 자기가 살길이라면, 하나님께서 이에스더 목사님을 통해서 자기를 살리시길 원하시니 그로서는 그 어떤 것과도 타협하지 않고 순종할 수 있었던 것이다.

영업에서 마지막 말일은 상당히 중요한 날이다. 그러나 주님이 자신에게 일터의 모든 걱정을 다 내려놓고 금식기도를 들어가길 권하실 때 그 결단은 결코 쉽지 않았지만, 핸드폰을 끄고 자기 가정과 일터를 온전히 주님께 맡긴 채 요나3일영성원의 골방을 찾았다

그가 하나님을 인격적으로 만날 수 있었던 장소, 오직 하나님만 바라볼 수 있었던 골방에서의 단식기도 시간은 그에게 매번 새로운 체험을 하게 했다. 하나님께서는 "너는 내게 부르짖으라 내가 네게 응답하겠고 크고 은밀한 비밀을 보이리라"고 말씀하셨다. "아이들과 잘 살고 싶어요. 두 딸들에게 힘이 되는 엄마가 되고 싶어요."하면서 울부짖을 때마다 주님께서는 "무엇을 먹을까 무엇을 입을까 염려하지 말라"고 하셨다. 그리고 일터에서 내 생각

에 갇혀 다시 내 욕심이 앞서려고 할 때마다 "주님께서는 먼저 그의 나라와 의를 구하라 그리하면 이 모든 것을 내가 더하리라"고 말씀해 주셨다.

그는 다윗처럼 '믿음의 반석에 서게 해 달라'고 기도했고, '순종하는 삶 살게 해 달라'며 기도했다. 내 앞의 문제가 너무 커보여서 흔들릴 때면, "지연아 내가 있잖느냐. 나만 바라봐라"는 그 음성을 듣게 하셨다.

비가 오나 눈이 오나 요나3일영성원으로 달려가는 그 시간이 그에겐 가장 큰 기쁨이었다. 그날그날 자기를 만나주실 하나님이 기대가 되는 날들이었다. "오늘은 내게 어떤 말씀을 주실까"하는 믿음으로 살고 싶었다. 그런데 믿음으로 사는 것이 어떤 것인지 알 수가 없었다. 그래서 또 무릎을 꿇었다.

믿음으로 살기로 결단하고 난 후 평탄하지만은 않았다. 섬기는 교회에서는 이단에 빠진 것처럼 몰아붙였고, 이상한 눈으로 바라볼 때 너무 마음이 아파서 펑펑 울고 있는데 "지연아, 너 내게 순교자로 살겠다고 약속했잖느냐. 난 너를 위해 가시면류관을 쓰는 고통을 감수했는데 그 사람들의 뒷말 때문에 그리도 아프더냐"라고 말씀하셨다. 그 순간 자기 몸을 깊이 누르고 있던 바위가 사라지고 겨드랑이에 날개가 달린 듯 가벼워진 것을 느낄 수 있었다.

가정에서는 그가 하나님께 미친 사람처럼 보여서인지, 남편으로부터 절제하라는 말을 간간히 듣기도 했다. "당신 어디 가서 나한테 말하듯이 사람들에게 말하지 마. 거부감이 들 수도 있어." 남편은 아내의 모습을 보면서 뭔가 달라지는 것도 같지만 감성적으로만 보였던 듯싶다. 그런 순간들을 하나님을 붙잡고 버티다보니 영적인 근육이 키워졌던 것이다. 계속 되풀이되는 영적공격과 기도의 시간들이 그에게는 축복의 시간이었다.

하나님이 갈아엎으실 때 그 고통은 말로 표현할 수 없었다. 자기 안에 있는 자아를 깨트리시는 하나님, 자신을 송두리째 내어드리고 "주님 빨리 깨트려 주세요"하면서 아플수록 더 힘을 다해 주님께 말씀드렸다.

그렇게 거듭나고 나니, 자기가 다시 태어나고 보니 자기 주변엔 자신과 같은 사람이 너무도 많다는 사실을 발견하게 되었다. 신실한 모습으로 포장하고, 믿음 좋은 척, 경건의 가면을 쓰고 있는 종교인들의 모습들… 겉보기엔 너무 좋은 쇼윈도 부부들, 그 모습이 바로 자기의 모습이었기에 안타까운 마음을 품게 하셨고 그들을 위해 기도하게 하셨다.

그는 지금까지 살면서 주님께 계속 자기가 원하는 것을 채워달라는 기도만 했던 것 같았다. 어느 한순간도 자기에게 믿음 달라고, 내 영적 성장을 구하는 기도는 한 번도 한 적이 없었던 것이다. 평신도인 자기를 통해 하나님 하실 일이 무엇인지 날마다 물으며 가고 있다. 그는 매일 새벽, 말씀으로 큐티로 자기를 채찍질하고 있다.

이제는 예전의 자신으로 돌아가지 않을 것이다. 일과 영성이 어떻게 하면 일치되는 삶을 살아낼 수 있는지 이제는 어느 정도 말할 수 있을 것 같다.

도심 한복판에 이런 기도처가 있다는 것이 얼마나 큰 축복인지, 많은 사람들이 몰라서 못 오는 이곳을 알려드리고 싶다고 했다. 깨어지고 부서지는 그 고통 속에서 흔들리지 않는 믿음을 지켜낼 수 있도록 자신을 다시 태어나도록 해준 요나3일영성원은 영원한 그의 친정과 같은 곳이다.

그런 그가 매일 하루에도 수십 번씩 되뇌는 말이 있다.
"주님 말씀하시면 즉시, 온전히, 기쁘게 순종합니다."

하나님이 그에게 하신 많은 약속들이 있는데 그 중에 이미 맺은 열매가 남편과의 회복이고, 두 딸들도 주님이 길을 열어주셔서 잘 살아가고 있다. 전적인 하나님의 축복이다. 그는 자기에게 주신 약속들이 성취되는 것을 보면서, 땅 끝까지 살아계신 하나님을 증거하는 자리에 순종하며 가겠다고 다짐한다.

벧엘의 약속, 하나님 응답

하나님의 비전

승리의 화살, 문제의 과녁 뚫다

응답받는 기도

단식관 입실 및 세부 안내

공군사관학교 특별강연

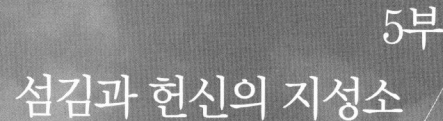

5부
섬김과 헌신의 지성소

벧엘의 약속, 하나님 응답

1997년도 12월, 우리나라가 IMF 경제위기를 맞던 때로부터 3년을 시한으로 하나님께 서원했던 세 가지 기도의 제목은 내가 어디를 가든 무슨 일을 하든지 지워질 수 없게 내 마음 속에 각인되어 있었다. 이것은 나 스스로 할 수 있는 일이 아니었기 때문에 무릎으로 걸어 가야했다. 기도할 때마다 나를 부인하고 하나님의 도우심을 강청했다. 인간의 얄팍한 지식이나 재주로 하는 것이 아니라 하나님의 감동과 영감이 서려 있는 지혜를 찾기 위해 수시로 하늘의 문을 두드렸다.

기도할 때 하나님께서 우리의 염려를 맡아주신다는 것은 대단한 은혜다. 누구를 만날까를 염려하지 않고 만날만한 자를 만나게 해달라고 간구할 때 하나님은 꼭 만나야 될 사람을 붙여주셨다. 언제나 사람을 통하여 역사하시는 하나님의 손길은 만나는 자마다 감동시키셨고 선한 마음으로 돕게 하셨다. 만남의 축복이 계속 됐다.

20세기의 마지막 해를 맞았다. 그동안 하나님의 도우심 속에 두 권의 책을 출판하게 되었다. 첫 번째 책 〈주님, 한 손만 잡아주소서〉는 우리의 갈 길을 인도하시는 성령의 불기둥을 경험했다. 이 책을 읽고 은혜가 되었던지 1998년 추석명절을 앞둔 시기에 경기도 안산의 한 교회에서 이에스더 원장과 함께 특별집회를 인도해 달라는 요청을 받고 성령님과 함께 3일간의 집회를 하게 되었다.

 은혜 가운데 집회를 마치고 대구수양관으로 내려가던 날, 수도 서울에 예비된 집회 처소를 찾으라는 성령님의 강한 감동을 받았다. 한 밤의 짙은 어두움을 헤치고 달리면서 우리의 기도는 쉬지 않았다.
"주님 도우소서. 우리 힘으로는 아무 것도 할 수 없나이다."

 차 안에 함께 계시면서 우리의 기도를 도우신 성령님은 몰려오던 피곤함을 잊게 하셨고 우리의 기도를 귀담아 들으셨다. 우리의 기도와 마음을 받으신 성령님은 기쁨으로 충만케 하셨고 성령님께서 우리를 동역자로 삼으시고 함께 일하시기를 원하신다는 것을 다시 한 번 깨달아 갔다.

 하나님께서는 그 날 이후로 매주 한두 번씩 대구에서 서울을 왕래하도록 인도하셨다. 우리 마음 같아서는 당장 주어질 것이라고 믿고 있었다. 그러나 성전은 그 해 10월부터 이듬해 연말이 지나가도록 주어지지 않았다. 형편에 맞는 곳을 찾으려니 마음에 드는 집은 값이 비쌌고, 값이 싼 집은 마음에 들지 않는 게 흠이었다.

 하나님의 인도를 기다리지 못해 형편에 맞추어 서울 문정동 지역을 돌아보다가 교회를 개척했다가 비워둔 곳을 계약하게 되었다. 마음이 앞서서 서둘러 계약금까지 치루고 나니 오히려 마음이 편치 않았다. 그래서 다시 마음을 내려놓고 다시 하나님께 무릎을 꿇었다. 하나님은 침묵하셨다. 인간적으로 답답했다. 하나님께서 얼마나 우리의 마음을 불편하게 하시는지 견디기가 힘들었다. 기도로 사는 나에게 있어 하나님의 침묵은 가장 힘든 삶의 모습이었다. 자의적으로 하나님 앞서 일을 저질러 놓은 상태에서 편치 않은 마음을 가지고 계속 서울 장안을 더듬어 나갔다. 기도도 쉬지 않았다.

그러던 어느 날, 셀 수도 없이 많이 지나쳤던 총신대입구역 일대를 또 지나게 되었다. 참으로 이상한 것은 총신대입구역 근처에만 오면 마음이 평안했다. 왜냐하면 우리나라가 기독교국가도 아닌데 유일하게 신학교 이름을 역명으로 사용하고 있는 곳은 찾아보기 힘든 일이었기 때문이다.

수차례 찾아왔던 곳이지만 그 날은 왠지 마음도 생각도 믿음도 모두 달랐다. 차를 천천히 운전하며 주변을 살폈다. 참으로 놀랍게도 전에는 한 번도 눈에 들어오지 않았던 교회 종탑이 나를 사로잡았다. 총신대역 교차로를 지나자마자 오른편에 우뚝 솟아오른 아파트 입구 상가에 세워진 그 아름다운 교회 종탑이 내 마음을 강렬하게 이끌었다.

차를 세워둔 채 달려가 보았다. 다행히 출입문이 열려있는 남의 건물 지하실을 둘러보면서 마냥 흐뭇해했다. 경비 아저씨에게 건물의 정보를 물었더니 이곳에 세워진 교회가 지상 3층 지하 1층의 상가를 통째로 분양받았다는 사실이 전부였다. 무작정 아파트 조합사무실을 찾아갔다. 한 교회가 전체를 분양받았다는 사실을 이미 알고 있었지만 담당자를 만나서 정중하게 인사를 하고 난 다음 분양받은 목사님의 연락처만 알려 달라고 했다. "이름은 잘 모르지만 박 목사님이라고 하던데…" 하면서 수첩을 뒤지더니 전화번호를 하나 적어주었다. 고작 손에 쥔 것은 전화번호뿐인데도 온 세상을 얻은 것처럼 기뻐 뛰며 밖으로 달려 나와서 전화를 걸었다.

"여보세요. 상가 건물을 성전으로 분양 받으신 박 목사님이십니까?"

"네 박 목사입니다. 그런데 혹시 자네 장덕봉 목사…."
너무나 뜻밖의 일이 벌어졌다. 내 말 한 마디를 들었지만 상대방 목사님은 나의 목소리를 기억하고 있었다. 내 말이 끝나기가 무섭게 대뜸 내 이름을 부르면서 이게 어떻게 된 일이냐고 물을 때 참으로 꿈만 같았다. 웃음도 나왔다. 서울에서 김 서방 찾는다는 우스게 말이 현실로 나타났다.

그 분은 공군사관학교 선배로서 내가 입학할 당시 기독생도회장 직분을 감당하고 있었고, 3년 뒤 내가 그 뒤를 이었다. 군악대장을 역임한 분이었기 때문에 찬양선교에 관심이 있는 줄은 알고 있었지만 목회자로 변신하여 새로운 길을 걸으리라고는 생각지 못하고 있었다. 특히 사관학교 동문이신 장로님 한 분께서 상가를 분양 받아 교회와 선교원으로 사용할 수 있게 하셨다는 말을 들었다. 거룩하고 기쁜 부담감을 가지고 박 목사님의 도움을 받아 아름답게 장식된 성전에서 두 번째 책 〈3일 기도의 영적파워〉 출판 기념회를 겸하여 제단을 쌓은 그 자리에서 '요나3일영성원 개원예배'를 드렸다.

이 날 이후로 하나님은 독자의 마음을 움직이기 시작했다. 기도해야 한다는 당연성은 잘 알면서도 막상 기도하지 못하는 현대인들에게 〈3일 기도의 영적파워〉는 적중했다. 서점에 갈 때마다 제목에 이끌려 이 책을 읽게 된 어느 목사님께서 섬기는 교회에 기도의 불을 붙여야겠다는 생각으로 새벽기도에 나오는 성도들에게 기도 불쏘시개로 사용한다는 후문이 들려오기도 했다.

 더욱 놀라운 것은 무명한 저자의 책임에도 불구하고 2000년도 한 해 동안 매월 발행되는 출판소식에 베스트셀러로 소개되었다. 기독교서점협의회가 선정하는 베스트 셀러 가운데 한 번도 빠짐없이 이름이 오른 것은 기적과도 같은 놀라운 일이었다. 한 달에도 수없이 쏟아지는 신간도서의 홍수 속에 당당히 베스트 대열에 끼게 된 것이다. 이것은 기도에 대한 하나님의 응답이었고 축복이었다는 사실 외에는 달리 무엇으로도 설명될 수 없었다.

하나님의 비전

2000년 3월 18일 서울 방배동에서 요나3일영성원 개원예배를 드리고 난 후 2개월째가 되었다. 하나님께서는 이곳에서 계속 있어야 할지 아니면 다른 곳으로 옮겨야 할지 기도하게 하셨다. 어느 날 국민일보 광고에 실린 '인왕산 기슭 기도원, 교회 최적지'라는 광고 문구가 눈에 확 들어왔다. 가지고 있는 것은 없었지만 인왕산 아래에 위치한 홍제동으로 발길을 옮겼다. 분양 중인 현대아파트의 후문에 위치한 학원상가 내 1층에 위치한 교회였다. 지금 있는 곳과 마찬가지로 신축 건물이었지만 어딘지 모르게 비교할 수 없을 정도로 볼품이 없었다. 그래서 한밤에 기도할 때 하나님께서 던지시는 질문을 받았다. "너는 돈을 택하겠느냐, 아니면 기도하는 사람을 택하겠느냐?"

이 물음에 정신이 번쩍 났다.
"네, 하나님! 기도하는 사람을 택하겠습니다."

그때부터 내 마음 속에 자리 잡았던 염려와 근심은 사라지고 평안해졌다. 내 삶의 가치관은 성경 자체였고, 하나님께서는 자녀 된 우리들의 길을 인도하기 원하신다는 것을 믿었다. 그래서 우리의 삶을 온전히 그분께 맡길 때 하나님은 인도자가 되어 주신다.

하나님은 우리가 기도한 만큼 일하신다. 비록 재정적으로 건넬 것이 준비

되지 않았지만 하나님께서는 그것까지 그쪽 목사님의 마음을 움직여 주셨다. 그분도 강남의 내놓으라는 대형 교회에서 부목사로 충성하다가 재개발 아파트의 상가를 분양받아 개척에 나선 목회자였다. 모두 하나님의 영광을 위한 일이라는 공통점을 갖고 있었기 때문에 서로 기도한 후 하나님의 인도하심을 따르기로 다짐했다. 서로 합력해 선을 이루시는 하나님을 찬양하며 의지했다.

처음 가본 곳이었지만 기도의 요새라는 느낌이 들었다. 아파트 위에서 내려다 볼 때에는 지하 2층에 위치하고 있어서 아무리 크게 기도해도 밖에서는 들리지 않을 것 같았다. 또한 도로상에서 볼 때는 1층에 위치하고 있어서 몸이 연약한 분들의 이동에도 불편이 없는 특이한 건물이었다. 게다가 인왕산을 뒤로 하고 있어 등산로가 있는 산의 풍취와 마음놓고 기도할 수 있는 환경조건은 마음을 흡족하게 했다. 도심 한복판에 이만한 기도처가 있을 것 같지 않았다.

그곳을 인수하기로 결론을 내리고 기도의 용사들을 모아서 집중비상기도에 들어갔다. 며칠이 지났을 때 그 교회를 담임하시는 마 목사님께서 1년 동안이나 약을 달인 것이라며 보약을 전달해주는 꿈을 꾸었다. 이것은 벧엘의 약속과 같은 하나님의 응답이었다.

때로는 기도하면서도 서두를 때가 많다. 하나님의 뜻대로 이루어지기를 기도하면서도 내 원대로 되기를 바라기 때문이다. 기도하는 가운데 하나님의 계획과 우리의 계획이 일치될 때 축복의 문은 활짝 열린다. 준비된 것은 없었어도 마음이 평안했다. 하나님이 앞서 가시는 길은 고난이 따를지라도 영광의 길임을 항상 경험해 왔다. 함께 기도하던 자들과 한마음이 되었고, 작은 불이 모일 때 큰 불을 일으킨다는 확신으로 일을 추진하기로 했다.

하나님이 동행하시는 일이라면 내게 능력주시는 자 안에서 모든 것을 할 수 있다는 확신 속에 그 일이 이루어질 것을 믿었다. 하나님의 일은 그분 스스로 하시리라는 믿음이 나를 사로잡았다.

1년 전에 이곳에 개척교회를 세우신 마 목사님께서는 사정이 급했지만 우리를 더 이해해 주셨다. 잔금 지불과 상관없이 집회를 인도하도록 허락해 주신 것이 너무나 고마웠다. 비상으로 기도하던 성도들과 함께 성전 바닥에 손을 포개 놓고 뜨거운 눈물을 흘리며 감사의 기도를 드렸다. 다음 날부터 매일 오후 2시에 열린 집회에는 아직 제대로 알리지도 않았지만 마음에서 마음으로, 입에서 입으로, 그리고 하나님께서 천사를 동원하여 성도들을 보내 주셨다.

하나님께서는 집회를 시작한 지 열흘 만에 까마귀를 보내셔서 떡을 공급하신 그 역사대로 모든 잔금 지불에 어려움이 없게 하셨다. 입당 예배를 드리던 5월 18일은 축제의 분위기였다. 이렇게 놀라운 은혜를 베푸신 하나님의 성호를 찬양하며 모두 감격에 젖어 있었다.

승리의 화살, 문제의 과녁 뚫다

　내가 신뢰하고 강하게 붙잡고 있는 말씀 중 하나는 잠언 16장 9절 "사람이 마음으로 자기의 길을 계획할지라도 그의 걸음을 인도하시는 이는 여호와시니라"이다. 성경이 하나님의 말씀이요 진리인 것을 믿기 때문에 내 삶의 가치관은 성경 자체이다.

　하나님은 자녀 된 우리들의 길을 인도하기 원하신다. 우리의 삶을 온전히 그분께 맡길 때 인도자가 되어 주신다. 우리가 보고 온 그 성전은 하나님께 제단을 쌓아왔던 성전이었기 때문에 목사님의 협조로 잔금 지불과 상관없이 언제라도 집회를 인도할 수 있게 되었다. 서로간에 세상적인 계산을 갖고서 매매하는 것이 아니라 하나님의 영광을 돌리기 위한 최선의 방편을 모색하는 동병상련의 처지였기 때문에 가능한 일이었다.

　매일의 집회 시간마다 하나님께서 천사를 동원하여 참석할 성도들을 보내 주셨고, 사르밧 과부처럼 마지막 먹을 것만 남겨둔 사람도 찾아왔다. 엘리야에게 임하신 여호와의 말씀은 사르밧의 과부에게 가장 어려운 형편에서 선지자를 섬기도록 명하라는 것이었다. 그 때 나뭇가지를 줍고 있는 한 과부를 만나 물 한 그릇을 떠다 마시게 해 줄 것을 청했다. 그리고는 또 다시 떡 한 조각을 가져오라고 했다. 하지만 그 과부에게는 떡은 없었고 먹다 남은 가루 한 움큼과 기름 조금이 전부인지라 이것을 주운 나뭇가지로 불을 지펴 구워서 마지막으로 먹고 죽을 작정이라고 하는 것이었다.

엘리야는 이런 가운데서도 두려워 말고 내 말대로 하라고 명했다. 먼저 작은 떡 하나를 구워 자기에게 가져오라고 했다. 자기에게 임한 여호와의 말씀대로 그렇게 할 때 심각한 가뭄 중에도 여호와께서 비를 지면에 내리는 날까지 그 통의 가루는 다하지 아니하고 그 병의 기름은 없어지지 아니하리라고 말했다. 누구든지 내 것은 아까운 것이다. 죽어도 내가 먹고 죽어야 덜 서러운 일인지라 쉽게 이행하기 어려운 일인데 이 여인은 가서 엘리야의 말대로 했다.

믿음의 행동으로 선지자의 명을 따랐을 때 저와 엘리야와 온 식구가 여러 날 먹게 되었으며, 여호와께서 엘리야로 하신 말씀같이 통의 가루가 다하지 아니하고 병의 기름이 없어지지 아니하였다.

사르밧 과부의 마지막 남은 밀가루 한 움큼과 기름 조금으로 선지자를 대접함으로 받은 기적의 역사가 우리 기도 처소에도 일어나기 시작했다. 기도로 무릎을 꿇었고 예배를 드린 지 열흘 만에 까마귀를 보내서서 공급하시는 하나님의 은혜로 모든 잔금을 순조롭게 지불할 수 있었다. 입당 예배를 드리면서 이렇게 놀라운 은혜를 베푸신 하나님의 성호를 찬양하며 영광을 돌렸다.

그러나 하나님의 자녀들이 기뻐하고 하나님 편에서 일을 시작할 때 함께 동참하지 않고 돌을 던지는 무리가 있다. 바로 세상과 마귀에 속한 사람들이다. 복도를 경계로 38선이 그어진 것처럼 안쪽은 요나3일영성원이었고, 바깥쪽은 무도 체육관이었다. 이전 교회에서는 낮 예배라고는 주일뿐이었기 때문에 자기네 마음대로 할 수 있었는데 난데없이 영성원이 들어오면서 매일 낮 집회를 하게 되니 몹시 눈에 거슬렸던 모양이었다.

한 번 만나자는 체육관 관장의 청에 따라 만나서 대화를 나누었다. 처음부터 영적인 싸움이었다. 도저히 말이 통하질 않았다. 아침 일찍부터 밤늦게까지 하루 종일 여러 계층의 반을 운영하는 그들로서는 얘기할 자격이 없는데도 이전의 상황만 들먹거리면서 우격다짐으로 몰아세우는 것이었다. 하나님을 알지 못하는 그들의 귀에는 찬송 소리나, 기도 소리 어느 것 하나 아름답게 들리지 않았고 시끄러운 소음으로만 들렸던 것이다. 그래서 우리가 통성으로 기도할 때는 기도 소리보다 더 큰 기합을 질러대고, 설교시간에도 고의로 큰 음악을 틀면서 대항하는 것이었다.

도저히 견딜 수 없어서 하나님께 우리의 고통을 호소하기 시작했다. 매일매일 총성 없는 전쟁터에 나온 것 같아 늘 긴장감 속에 하루하루를 보내야만 했다. 그런데 어느 날 저곳마저 성전으로 삼으면 되지 않느냐는 하나님의 감동이 가슴속에서 불타오르는 것이었다. 할 수 있는 능력이라고는 양 무릎밖에 없었다. 그렇지만 기쁨의 샘이 흘러 넘쳤고 어느새 마음 한 구석에는 약속의 주머니가 풍성하게 채워져 있음을 느꼈다.

하나님께서 주신 담대함을 선물로 받은 후부터 그들과 서로 마주쳐도 여유

만만하게 쳐다보았다. '하나님이 조만간에 주실 텐데 있는 동안이라도 잘 있다 나가기를 바란다'는 마음을 갖고서 복도를 꼭꼭 밟으며 걷게 되니 기쁨이 샘솟아 올랐다. 이때부터 특별비상기도를 선포하고 단식하며 기도할 때마다 승리의 화살은 문제의 과녁 중앙을 관통했다.

5개월간 태권도장의 방해가 있었지만 기도로 넉넉히 이겨냈다. 한번은 목요일 밤 영성집회를 위해 찬양을 하던 시간이었다. 원목인 내가 찬양을 인도하고 있는데 태권도장 사범이 뒷문을 쾅하고 열어젖히고 위협적인 자세로 서 있는 것이었다. 그 순간 화가 치밀어 올랐지만 참고 찬양에 집중했다. '한번만 더 와 봐. 내가 밀어 버릴 테니까' 하면서 마지막 찬양을 하는데 또 다시 문을 활짝 열어젖히는 것이었다.

찬양이 끝나자마자 뒤로 달려갔다. 그러고는 "이게 뭐 하는 짓이야. 너 5단밖에 더 돼?" 하면서 소리를 질렀다. 결국 상대방으로서는 내가 5단 이상은 된다는 뜻으로 들릴 수 있는 말이었다. 그러니까 사범이 뒤로 한 걸음 물러서면서 내 손을 잡더니 "어, 어디 한번 붙어 볼래?" 하는 거였다. 그래서 "내가 지금 시간이 없다"면서 손을 뿌리치고 문을 닫고 들어와 버림으로써 상황은 결론 없이 싱겁게 마무리되었다.

이런 일이 반복되면서 하나님을 향한 우리의 고통은 계속 전달되고 있었다.

드디어 승부는 5개월간의 지루한 싸움의 종지부를 찍고 11월에 가서야 끝이 났다. 성령님께서 아파트 조합 사무실 책임자들의 마음을 움직여주셨다.

그들과의 끈질긴 협상 끝에 최종적으로 영성원에 매각할 것을 약속했다. 하나님의 약속은 한 치의 오차 없이 진행되었다.

"네가 밟는 곳마다 네 땅이 되리라"고 말씀하신 그 약속은 지금도 유효하다. 다만 리워야단이 최후의 발악을 하며 마지막 분풀이를 위해 꼬리를 칠 때 철저하게 대비하지 아니하면 큰 상처를 입게 되는 것을 명심해야 한다.

최종 시한이 다가올수록 험악한 인상으로 쳐다보기도 하고, 문을 부수고 협박을 하며 도전해 와도 기도로 넉넉히 이길 수 있었다. 그것은 하나님이 주신 선물이 너무나 크다는 사실을 잘 알기 때문이었다. 쫓고 쫓기는 가운데 $462m^2$(140평)의 성전을 힘겹게 이루고 나니 깊은 숨이 속에서 나오면서 좀 쉬어야겠다는 생각이 들었다. 그러나 하나님께서는 상가로 이루어진 곳이니만큼 너저분한 것보다 내부 인테리어를 다시 하여 오색찬란한 성막의 휘장처럼 아름다운 하나님의 성전으로 장식할 것을 바라셨다.

한 밤의 기도를 마치고 잠에 들었을 때 참으로 인자한 분이 나를 큰 호수가 있는 곳으로 이끌어 가셨다. 호수 앞에 멈추더니 호수 속에 큰 물고기가 보이느냐고 물으셨다. 내 눈에는 아무 것도 보이지 않았다. 다시 자세히 보라고 해서 들여다보니 정말 큰 물고기들이 헤엄치는 모습이 보였다. 이제는 제방 쪽을 가리키며 둑에 세워진 조감도를 보라 하셨다. 빠른 시일 내에 이 호수를 메우는 작업을 하기 위한 것이니 빨리 저 물고기들을 잡으라는 것이었다. 잠에서 깨어난 후 하나님이 주신 꿈이라면 속히 순종하겠노라고 감사하며 화답했다.

다음날부터 하나님의 성전을 최대로 아름답게 꾸미기 위해 거룩한 역사가 시작됐다. 정성을 다 할 수 있는 최고의 인테리어 전문가를 공모하여 내부 디자인에 들어갔다. 최종적으로 신실한 믿음과 실력을 겸비한 인테리어 업자를 선정하여 최고급 자재로 최고의 작품을 만들어 줄 것을 요청했다. 이 말 한마디에 일을 맡게 된 인테리어 업자는 우리의 자금 사정이 넉넉한 줄 알고 흐뭇해하며 최고의 기술과 자재로 내부 리모델링에 들어갔다. 1주일 후에는 거액의 자금이 준비되어야 일이 진척된다고 말해도 염려하지 말라며 힘을 실어 주었다. 자금을 마련해 줄 사람도 없고 주겠다고 약속된 곳도 없었지만 매일 밤 부르짖는 기도소리를 들으신 하나님께서는 어김없이 하루 전까지 필요한 경비를 기적처럼 마련해 주셨다.

아름다운 예배실과 숙소, 한 사람씩 들어갈 수 있도록 한 기도실, 기도하는 가운데 음식을 나누며 은혜를 공유할 수 있는 카페 분위기의 식당, 그리고 수많은 성도들이 오가는 곳이지만 향기나는 화장실과 휴게 공간 하나에도 정성을 다했다. 화가의 손길이 닿은 곳에는 예술혼의 정취가 물씬 풍겨났다. 12월 한 달의 수고 끝에 20세기가 끝나기 사흘 전 한신교회 이중표 목사님을 강사로 초빙하여 예정된 헌당예배를 드렸다. 하나님의 크신 은총에 감격한 모든 성도들은 '주의 동산으로'를 합창하며 감사의 제사로 영광을 돌렸다.

1997년 12월, 차가운 성전 바닥에 엎드려 무릎을 돌베개 삼아 서원하며 기도했던 종에게 전능하신 하나님은 마지막 순간까지 최고의 선물들로 풍성하게 내려주셨다. 모든 영광을 하나님께 돌리며 오직 주님 원하시는 일만 감당할 것을 다시 한 번 다짐했다.

응답받는 기도

행동하는 하나님의 역사는 계속된다. 1, 2층으로 나눠진 건물의 1층을 확보한 다음 이제 2층 학원가도 하나님께서 주실 것을 믿고, 여리고 성을 돌듯이 매일 돌면서 기도했다. 그러나 아무리 돌아도 하나님의 응답이 없었다. 우리는 여전히 건물 주변을 계속 맴돌 뿐이었다. 우리의 행진은 5년 동안 계속 되었다. 2005년 9월. 그렇게도 까다롭게 방해를 놓던 세 명의 주인들이 서로 한바탕 싸움을 하게 되면서 건물 계약을 서두르자는 연락이 왔다. 드디어 2005년 10월 초순. 계약은 일사천리로 이루어졌다. 이전 주인과의 계약 기간을 보장해 달라는 학원가의 항의에 잠시나마 곤혹을 치르기도 했다. 뾰족한 방안이 없었기에 이 일을 위하여 함께 기도하자고 설득하면서 임차인들을 달랬다.

그런데 우리의 기도는 또 기적을 이루어냈다. 우리가 기도할 때 하나님께서는 상대방의 마음을 움직이셨다. 그리고 그들의 환경에 변화가 일어나게 하셨다. 그토록 완강하던 사람들이 찾아와 부드러운 목소리로 말했다. "독립 건물로 이사를 하게 됐습니다. 이제 걱정하지 마십시오." 하나님의 섭리는 우리의 지혜로는 측량할 수 없다. 그래서 우리는 오직 하나님을 찬양하게 된다.

여기까지 밀어붙이셨던 하나님께서 잠시라도 쉼을 주실 줄 알았다. 그러나 하나님의 계획은 우리의 생각과 달랐다. 하나님께서 서둘러 일을 추진하실 때는 더 이상 핑곗거리를 찾지 말고 순종하는 편이 훨씬 더 좋은 결과를 얻는다. 그래서 기도하는 가운데 7월 첫날부터 국내 최고의 목공 장인과 상의하여 내부 설계에 들어갔다. 그리고 인테리어 자재를 작업에 맞게 사들였다.

이 일을 진행하면서 별로 마음에 내키지 않았던 것은 넉넉지 않은 재정 상황 때문이었다. 은행 융자까지 받아야 할 우리의 어려운 형편을 잘 아시는데 왜 이렇게 재촉하시는지 알 수 없었다. 내부 공사를 방해하는 복병은 푹푹 찌는 한여름의 무더위였다. 그런데도 일을 시작하게 하신 하나님의 의도를 알 수 없었다.

재정적으로 힘든 면도 있었지만 공사를 시작하면서 마음속으로 다짐한 것이 있었다. 하나님의 일은 기쁜 마음으로 하고, 하나님이 기뻐하시는 최고의 작품을 만들어내고자 했다. 일을 잘못하게 되면 복구비용이 더 들기 마련이다. 그래서 매일매일 작업 과정을 꼼꼼하게 점검했다. 만약 잘못된 것이 발견되면 바로 뜯고 새로 작업에 들어가게 했다. 노임은 더 들어가고 자재는 버려야 하는 이중고를 겪었지만 최대한 완전함을 추구하고자 힘썼다.

단식관은 단식하는 분들의 건강을 우선 생각했다. 아무리 현대식 건물로 만든다고 해도 새집 증후군은 나타나게 마련이다. 하지만 이것을 최대한 방지할 수 있도록 신경을 많이 썼다. 역시 문제는 건강한 재료를 사용하려면 그만큼 비용이 추가된다. 그래도 막대한 비용이 드는 것도 감수하고 최고급 재료를 찾아서 사용했다. 그러자 하나님께서는 우리가 생각지도 않은 도움의 손길을 보내셨다. 게르마늄 광산을 운영하는 권사님 한분이 집회에 참석했는데 "이건 내가 담당할 일"이라며 바로 다음날 8톤 트럭으로 어마어마한 양을 실어 나르는 것이었다.

게르마늄은 워낙 고가품이다. 적당한 비율로 시멘트에 섞게 되면 벽면이 더 견고하게 되고 시멘트의 독성을 제거하므로 건강을 돕는다고 했다. 하나님의 간섭하심으로 일은 놀라울 정도로 진척이 빨랐다. 틈을 내어서 건축박람회를 찾은 것도 큰 도움이 되었다. 그곳에는 건강한 재료의 전시장을 방불케 했다. 거기서 발견한 천연대나무로 전체 바닥을 깔았고, 모든 벽면은 태평양 심해에서 캐낸 규조토인 산호석으로 처리했다.

게르마늄이 시멘트의 독을 1차 처리해 주고, 산호석이 2차로 정화시켜주는 효과를 더하여 공사에 참여한 작업자들까지도 "이렇게 신선한 환경에서 작업하기는 처음"이라며 감탄할 정도였다.

예배실의 벽면과 단식관의 복도 및 천정에는 대형 성화를 그리게 했다. 예배실에는 갈보리 언덕에 세워진 십자가를 바라보며 한밤에 기도하시는 예수님의 모습으로 기도자들의 가슴을 뭉클하게 한다.

그리고 바로 옆에는 믿음 없는 제자들을 꾸짖으시며 풍랑을 잠잠케 하시는 예수님과 떨고 있는 제자들의 모습을 그렸다.

예배실 뒷면에는 십자가에 달리신 예수님을 창으로 찌르는 장면을 그렸다.

예배실과 식당 연결 통로 벽면에는 돌아온 탕자와 아버지의 재회를 그렸는데 우리 생각 같아서는 "인간아, 잘난 체 하다 내 그럴 줄 알았지…"라고 말할 것 같지만 '아버지는 그러지 않으신다' 는 의미심장한 문구가 눈에 띈다.

단식자들의 보호식을 돕는 만나실에는 오병이어의 기적을 행하시는 장면으로 식사의 즐거움을 더하게 했다.

2층 단식관에도 자연스럽게 그림을 보면서 이미지가 전달되도록 하였다. 단식관으로 올라가는 2층 계단에 들어서면 엠마오로 가는 두 제자와 예수님의 걸어가는 모습이 시선을 사로잡는다.

그리고 단식관에 들어오면 홍해가 선명하게 갈라지는 것을 보면서 기도의 응답을 기대하게 만든다.

또한 옆에 나란히 불순종한 요나가 물에 뛰어내리기 전의 모습으로 이 풍랑을 만난 것이 나의 연고임을 깨닫게 한다.

복도 끝에는 광야에서 금식하시던 예수님의 지친 모습을 담았다.

그리고 침례탕이 있는 벽면에는 요단강에서 요한으로부터 침례(세례) 받으시던 예수님의 모습을 그렸다.

바로 옆 그랜드 피아노가 있는 벽면에는 부활하신 예수님의 영광스런 모습을 그렸다.

침묵기도를 겸한 문화 공간에는 최후의 만찬 그림을 특수 타일 처리한 장면이 이채롭다.

한 두 달이면 충분히 끝낼 수 있는 내부 공사가 1년이나 걸린 것을 보면 그 정교함의 정도를 짐작케 한다. 모든 일은 거의 완벽에 가까울 정도로 잘 진행되었다. 성전 공사의 백미는 역시 외벽 작업에 달렸다. 아무리 내부 공사가 잘 되었다 하더라도 먼저 눈에 띄는 것은 바깥이다. 오랜 기간 동안 영성원을 드나들며 기도하던 부부가 있었다. 석재 공장을 운영하고 있었는데 어느 날 기도하던 중에 성전 내부 인테리어에 감동을 받아 아름다운 돌로 하나님의 전 외벽을 마무리하기로 헌신했다는 것이었다. 이것은 하나님의 절대적인 간섭하심에 따른 일이었다. 그들은 가정이 깨질 상황에서 기도로 위기를 극복한, 이 시대에 걸맞은 믿음의 부부 브리스가와 아굴라였다.

이들은 해외에서 생산되는 좋은 돌을 찾고자 손수 나섰다. 겟세마네 동산에서 기도하시던 예수님의 모습을 조각하여 외벽에 붙이기 시작했다. 하얀 먼지를 뿜어대며 돌 깎는 굉음이 들릴 때마다 조마조마한 마음으로 기도했다. 그런데 하필 이 기간 중에 미국 집회가 3주간 약속된 상태라 원장과 원목이 자리를 비워야만 했다. 그러니 한국과 미국에서 동시에 기도할 수밖에 없었다. 밤과 낮이 바뀐 탓에 우리의 기도는 24시간 동안 계속될 수 있었던 것 또한 은혜였다. 놀랍게도 외벽 작업을 진행하던 수주일 동안 우리의 염려가 무색할 정도로 주민들 중에 어느 누구도 민원을 제기하지 않았다. 이 일을 철저하게 감독하시는 하나님의 인도하심에 그저 감사할 뿐이었다.

공사가 이루어지는 동안 틈만 나면 단식하며 기도하는 성도들에게 최적의 환경을 제공해야겠다는 거룩한 욕심으로 충만했었다. 좋은 재료를 찾아 나섰고, 아름다운 건축의 현장이 있으면 어디든지 찾아갔다. 모든 자재는 최상의 품질로, 공사자는 최고의 장인을 불러 작업을 하다 보니 재정의 부담이 점점 더해졌다. 그러나 하나님의 계획은 한치 앞도 내다보지 못하는 현재에 초점이 맞춰져 있는 것이 아니라 미래에 있다는 것을 공사가 완공된 후에야 비로소 깨닫게 되었다.

2007년 7월 14일. 감격스런 입당예배로 하나님께 영광을 돌렸다. 예배에 참석한 분들은 한결같이 성전의 아름다움과 건강을 우선한 인테리어에 감탄하며 찬사를 아끼지 않았다. 이렇게 성전이 완성되면서 매일의 집회와 기도 시간에 기도자의 발걸음이 끊이지 않았다. 그리고 불과 몇 달이 지나지 않은 그해 10월은 전 세계에 경제 폭탄이 떨어져 아수라장을 방불케 했다. 미국발 금융위기로 세계 경제에 먹구름이 드리워졌고, 세계 경제 위기의 여파로 말미암아 환율은 하늘 높은 줄 모르고 치솟았다. 주식 시장은 한숨 소리로 가득했고, 국내 경기는 고장 난 브레이크처럼 내리막길을 치달았다. 모든 원자재 값도 폭등했다. 만약 공사를 미루었으면 아름다운 기도처는 요원했을 것이다.

우리는 한치 앞도 볼 수 없지만 하나님은 앞으로의 모든 것을 알고 계신다. 그러니까 우리가 할 수 없다고 하나님의 능력을 제한하는 것은 정말 어리석은 일이다. 모두 이유가 있을 테지만 하나님은 그것을 알려 주시지 않으신다. 그래서 우리는 인상을 펴치 않고 찡그린 모습을 한다. 그러나 일을 마치고 나서 뒤돌아보면 이토록 긴급하고 혹독하게 몰아 붙이셨던 이유를 깨닫고 감사하게 된다.

어려운 상황을 피하기만 한다고 더 나아질 것은 없다. "고난이 유익이라"는 시편 기자의 고백처럼 고난을 통해서 승리의 길을 만나게 된다. 그리고 고난을 통과하고 나면 하나님의 치밀하신 섭리 앞에 무릎 꿇고서 감사의 찬양을 드릴 수 있다. 평강의 하나님께서 우리에게 고난을 허락하실 때는 반드시 그 속에 이유가 있다.

단식관 입실 및 세부 안내

요나3일영성원에 오셔서 단식기도를 하실 분들은 전화로 사전에 예약을 하는 것이 필수다. 예약한 날짜에 도착하면 오신 분들을 주님의 이름으로 환영하며 간단하게 기록카드를 작성한다. 그런 다음 내부 시설의 소개와 예배 및 단식관 입실 수칙 등의 안내를 받는다.

먼저 1층 예배실은 앞 강단 붉은 벽에 걸려 있는 십자가와 위쪽 반 라운드 모양으로 된 조명이 보인다. 이곳은 물고기 아가미를 상징한다. 조명이 있는 곳은 칸칸이 삼각형으로 나누어져 있는데 물고기 지느러미를 나타낸다. 그래서 이곳은 요나서의 물고기 뱃속에 해당되고, 자진해서 오든지 누구의 소개로 오든지 간에 모두 하나님께서 이곳에 들어오게 하신 분들이다. 그렇기에 이들을 '요나분'이라고 호칭한다. 물고기 뱃속에서 절대자 하나님을 만나고 회복되면 악한 성 니느웨도 살릴 사명을 감당할 귀한 분들이기 때문이다.

그래서 물고기 뱃속에서 회개하며 하나님을 만나는 동안 개인 휴대폰으로 전화 통화하거나 외출을 금한다. 이것을 잘 지키도록 영성원에 머무는 동안 휴대폰은 안내 책임자가 안전하게 맡아주며, 온전히 세상과 단절한 채 하나님만 만날 수 있도록 기도로 중보하며 돕는다. 그리고 온전한 단식과 보호식을 통해 영육이 강건히 회복되도록 철저히 섬긴다.

예배실 안에는 "진리가 너희를 자유케 하리라"는 말씀을 근거로 성경 말씀을 읽기도 하고 성경 강의가 이루어지는 진리관이 있다. 벽과 천장은 수목욕에 좋다는 편백나무를 부착했고, 앞면은 산호벽을 만들어 정화된 맑은 공기를 마실 수 있다.

1층 예배실에서는 부르짖는 통성기도와 찬양 등 마음껏 소리를 낼 수 있다면, 2층 단식관에서는 조용히 묵상하는 마음으로 독서를 하고 침묵기도를 해야 된다. 2층 단식관의 명칭은 요나산호단식관이다. 개인 단식실과 복도의 벽은 온통 산호로 이루어져 있어 붙여진 이름이다. 전체 분위기는 바다를 연상케 한다. 오르내리는 계단과 복도 바닥은 천연 대나무로 만들어 바다의 모래사장처럼 포근하다. 복도와 개인 단식실 벽면은 게르마늄을 섞어 만든 다음 산호로 덧붙여 물고기 내장이나 파도를 보는 듯하다.

단식관은 1일 단식관과 특별훈련관 그리고 3일 단식관으로 구분하여 총 50개 방으로 구성되어 있다. 20년 된 건물답지 않게 신선하게 여겨지는 것은 공기 정화에 탁월한 태평양의 산호와 급기 시설로 인왕산의 공기를 주입하기 때문이다. 그리고 탁한 공기는 바깥으로 배출하는 시스템으로 되어있어 항상 쾌적한 분위기를 느낄 수 있다.

각종 성화들과 함께 천장은 성령의 비둘기로 가득하고 개인 단식실로 들어가는 입구를 요나서에 나오는 박넝쿨이 조화를 이루며 성령 충만함 속에 기도하기에 그만이다. 또한 침묵 기도실을 겸한 독서 휴게 공간인 만나실이 있다. 이렇게 내부 안내를 한 다음 이곳 만나실에서 영성원 방문자 또는 입실하신 요나분들에게 예배의 시간과 단식 및 보호식에 대한 설명 그리고 영성원과 연관된 안내를 상세하게 해주고 있다.

그리고 원장과 원목의 공동 저서인 7권의 책을 소개하여 영성원 생활에 빨리 적응하게 하고 기도의 응답을 속히 받을 수 있도록 돕는 역할을 하기 때문에 필독도서로 권해드리고 있다. 또한 이곳을 거친 많은 분들의 소감문이 놓여 있다. 이것을 들춰 보면서 큰 도전을 받게 된다.

이렇게 안내가 끝나면 개인 휴대폰을 맡겨야 한다. 갑자기 뭔가 허전한 느낌이 들지도 모른다. 그러나 하루가 가기 전에 마음의 평정을 되찾는다. 스마트폰에 온통 정신을 빼앗기는 바쁜 일상에서 벗어나 홀가분하게 주님과 대화하는 시간을 갖는 복을 누리기 때문이다. 시계마저 없는 것을 감안하여 스텝들이 매 기도시간과 예배시간 그리고 보호식 시간마다 다정하게 알려주니 오직 기도에 몰입할 수 있다.

공군사관학교 특별강연

2016년 9월 9일에는 공군사관학교 이건완 교장(공군중장)으로부터 특별한 초청을 받았다. 전 생도를 대상으로 인성교육 특강을 해 달라는 것이었다. 자칫 여성 목회자와 사관학교라는 어울릴 것 같지 않은 장면이 연상되지만 예상외로 반응은 뜨거웠다. 여자 생도가 입학한 지 20년이 지난 만큼 전혀 어색하지 않은 사관생도들과의 만남이었다. '위국헌신의 사명을 받은 그대 그리고 나' 라는 주제로 1시간 30분 동안 진행된 특유의 정열적인 강연은 공군사관생도들에게 깊은 인상을 심어주었다.

먼저 평양에서 태어나 1.4 후퇴 때 가족들과 함께 남쪽으로 내려오면서 겪었던 이야기와 발레리나로 활동하던 학창시절 등 자신의 옛 이야기로 강연을 시작했다. 강연 도중 지난 날 허기를 견디면서 자유를 찾아 내려온 강인한 정신을 바탕으로 오늘날 먹지도 마시지도 아니하는 단식을 이끌어가는 영성원 원장이 되었다는 대목에서는 생도들도 긴장하는 모습이었다.

사관생도들을 격려하는 가운데 "개인적으로 2000만 원 정도 되는 자가용만 있어도 든든한 것이 우리의 현실인데 그것의 1만 배나 되는 2000억 원 정도의 전투기를 조종한다는 것이 얼마나 자랑스러운 일인가"라고 되물으면서 "자긍심과 자부심을 가지고 영공방위의 주인공들로 거듭나 달라"고 주문하기도 했다.

평소에도 늘 훈련된 사람이 되어야 큰일을 감당할 수 있다는 신념을 가지고 있었기에 이날 사관생도들에게 "인생관이 달라지고 가치관이 올바로 정립되어 사명감으로 충만함으로써 나라와 민족을 위해 헌신하는 큰 일군들이 되기를 소망한다"고 강조했다.

또 "위국은 고난을 이긴 자들만이 나라를 위해 일할 수 있는 것"이라면서 인도의 기독교 성자로 불리는 선다싱이 산길을 가다 쓰러져 죽어가는 한 사람을 업고 비틀거리며 가던 중 선다싱의 체온으로 깨어나 걸을 수 있었던 헌신적인 사랑의 이야기를 들려주기도 했다.

이렇게 강연이 절정에 이르러 "마음과 정신과 영혼이 건강한 공군사관생도들이 되어 주기를 바란다"는 부탁을 했다. 그리고 이들의 선배인 사위 장 목사를 불러내어 빨간 마후라 합창을 제언했다. 훈훈한 분위기와 힘찬 박수 속에서 강연이 마무리 됐다.

 이날 강연 후에는 전국 규모의 모형항공기대회로 정착한 스페이스 첼린지 본선을 앞두고 펼쳐진 블랙 이글스 에어쇼와 생도의식의 장관을 직접 관람하면서 사열을 받게 되었다. 하나님께서 허락하신 평생 잊지 못할 큰 선물이었다.

이처럼 애착을 갖고 공군사관학교를 방문, 사랑하는 데는 특별한 이유가 있었다. 현재 목회 사역에서 동역하는 장덕봉 목사를 비롯한 두 사위가 모두 공사 출신이라는 점이다. 특히 맏사위인 장 목사는 부친이 권유한 신학교를 거부한 채 공군사관학교에 입학했다가 생도시절 하나님의 부르심에 응답하게 되어 임관 후 중위 시절 스릴 넘치는 성령의 인도하심을 경험하게 되었다.

부군 목사님을 여읜 다음 캐나다 집회 차 갔다가 하나님의 크신 은혜로 정착할 교회를 마련해 놓고 가족들과 함께 이민을 떠나고자 귀국하던 때, 장 중위와의 극적인 만남을 계기로 서둘러 맏딸의 혼사를 치르게 된 것이었다. 당시 너무나 급속도로 진행된 결혼 일정 때문에 동기생들을 초청하지 않은 것을 두고 "장 중위가 사고를 친 줄 알았는데 역시 목사님다운 선택이었던 것으로 이해했다"며 동기생 간의 신뢰를 저버리지 않았다.

결국 목회의 대선배이자 장모의 권유에 따라 수도권 지역에 근무하면서 신학에 입문하게 되었고, 목사 안수를 받은 후 11년의 군 생활을 마치고 전역을 했다.

또한 장 목사의 1년 후배인 공군사관학교장 이건완 중장(당시 공사 성무교회 안수집사)은 생도시절부터 장 목사와 함께 기도 모임을 이끌었고, 봉사활동 및 생도수련회를 통해 끈끈한 삼겹줄 신앙으로 우의를 다져온 사이였다. 더욱이 하나님의 예비하심으로 공군사관학교 기독생도회장직을 서로 물려주고 물려받게 된 것은 특별한 은혜요 축복이었다.

그리고 졸업할 때 대통령상의 영예를 안고서 하나님께 영광을 돌렸던 그가 공군사관학교장으로 재직하고 있는 것을 보면서 "'여호와 이레'로 준비해 주시고, 여기까지 도우신 에벤에셀의 하나님께 오로지 감사할 뿐"이라고 장 목사는 감회를 밝히기도 했다.

이 집사의 공군사관학교장 부임으로 교정은 생동감이 넘칠 정도로 변화를 거듭하고 있다는 소식을 들은 장 목사는 크게 기뻐하며 자랑스러워했다.

장 목사는 대형 글자로 새겨진 "배우고 익혀서 몸과 마음을 조국과 하늘에 바친다"라는 공사교훈을 바라보면서 30여 년 전 현재의 보라매공원이 있는 서울 대방동의 공군사관학교에서 보낸 생도 시절이 스크린처럼 지나가는 듯 감개가 무량하다고 했다.

이날 공군사관생도들은 "삶과 신앙에 대해 큰 용기와 도전을 주는 시간이었고 강사님의 역동적인 삶에 많은 감명을 받았다"며 이구동성으로 말했다.

이제 글을 맺으면서 '내가 나 된 것은 하나님의 은혜로 된 것'임을 알고, 바울 사도처럼 오직 주의 부르심을 따라 살아가련다.

"내가 달려갈 길과 주 예수께 받은 사명 곧 하나님의 은혜의 복음을 증언하는 일을 마치려 함에는 나의 생명조차 조금도 귀한 것으로 여기지 아니하노라" (행 20:24).

아주 특별한 부르심

우리는
부르심 받은
존재로서의 정체성을
지키며 살아갈 때
가치를 인정받게
되는 것입니다

아주 특별한 부르심
이에스더 · 장덕봉 공저

초 판 발 행	2019년 3월 1일
초 판 12쇄	2025년 6월 24일
발 행 처	국민일보사
발 행 인	변재운
등 록 번 호	제1995-000005호
주 소	서울시 영등포구 여의공원로 101
전 화	02.781.9036
이 메 일	kukmin277@naver.com
I S B N	978-89-7154-341-2

값은 뒤표지에 있습니다.
저자와의 협약에 의해 인지는 생략합니다.
이 책은 저작권법에 의해 보호받는 저작물이므로
무단전재와 무단복제를 금합니다.